旗 標 FLAG

好書能增進知識　提高學習效率　卓越的品質是旗標的信念與堅持

旗 標 FLAG

http://www.flag.com.tw

# 只要 Excel 六步驟你也能做

只要 **Excel** 六步驟你也能做

統計学の基礎から学ぶ Excel データ分析の全知識

# 商業分析

## 解讀數據｜學會用統計說故事

競爭分析、定價策略、營運管理、效益評估

國家圖書館出版品預行編目資料

只要 Excel 六步驟，你也能做商業分析、解讀數據，學會用統計說故事 - 競爭分析、定價策略、營益管理、效益評估 / 三好大悟 著；堅田洋資 監修；温政堯 譯；審訂 周珮婷 博士 -- 臺北市：旗標，2021.12　面；公分

譯自：統計學の基礎から學ぶ Excel データ分析の全知識

ISBN 978-986-312-693-5 (平裝)

1.統計學 2.資料處理

510　　　　　　　　　　　110017940

作　　者／三好大悟 著・堅田洋資 監修

發 行 所／旗標科技股份有限公司
　　　　　台北市杭州南路一段15-1號19樓

電　　話／(02)2396-3257(代表號)

傳　　真／(02)2321-2545

劃撥帳號／1332727-9

帳　　戶／旗標科技股份有限公司

監　　督／陳彥發

執行企劃／李嘉豪

執行編輯／李嘉豪

美術編輯／蔡錦欣、林美麗

封面設計／蔡錦欣

校　　對／陳彥發、李嘉豪、劉品妤

審　　訂／周珮婷 博士

新台幣售價：550 元

西元 2021 年 12 月 初版

行政院新聞局核准登記-局版台業字第 4512 號

ISBN　978-986-312-693-5

# 前言

　　相信會拿起這本書的讀者，大多是在企業界工作的員工、或是即將投入職場準備一展長才的準社會新鮮人吧。機器學習、AI、DX（數位轉型；Digital Transformation）這些詞彙充斥在生活中，許多企業也真正感受到資料分析的重要性跟必要性。新冠肺炎（COVID-19）疫情大流行的影響，也加速企業對於 IT 化、數位轉型的推動。身處如此時代浪潮中，想必不少讀者深感自身對於業務上資料分析的認知與操作略顯不足吧。

　　本書主要是為沒做過資料分析、僅會基本 Excel 處理的上班族所撰寫；以及統計、數學等課程已經忘得差不多，現在想要重新找回相關知識與技能並應用在工作上的讀者。或許各位不禁會這麼想：

　　「AI、機器學習這些不都需要學會很高階的程式語言嗎？」

　　「雖然大學時期有涉獵過統計學的思維，不過實務上完全沒用過啊？」

　　「有沒有一本書輕鬆切入資料分析，又能對商業應用有實質助益呢？」

　　讀者的聲音，我們聽到了。書中將會講解如何運用 Excel 進行資料分析的方法，來解答以上讀者曾經有的疑問。其實像是進階的假設檢定，在 Excel 不過只需要 6 個步驟而已。當然，不是說只要知道方法就夠了，畢竟資料分析僅僅只是個幾個操作步驟而已。我們還要告訴讀者更根本的問題：「究竟為什麼一定要作資料分析？」以及「該怎麼配合目標進行資料分析比較好？」

為了盡量解答讀者的疑惑，以及根本的問題，書中第 1 章會先介紹資料分析時應掌握的基本觀念，第 2 章之後則是學習資料分析的實務技術，並且由簡單的操作到複雜的技術依序介紹，以幫助讀者可以確實掌握資料分析常見的各種手法。具體來說，本書第 2 章談論敘述統計、第 3 章會介紹資料視覺化、第 4 章會講解資料分析中很重要但也較為抽象的假設檢定、第 5 章會探討資料預處理、第 6 章會操作資料分析常見的迴歸分析、最後第 7 章會帶領讀者進入實務上較難的最佳化問題。期待各位讀完本書後能滿載而歸。

三好大悟

- 本書基於 2021 年 10 月時的資訊，運用 Microsoft Windows 10 跟 Excel 2021 的操作介面進行講解，同時我們也以 Excel 2019 測試過，操作步驟是一致的。

- 可能因為後續軟體功能、操作介面、畫面等變更，導致本書發行後書中所描述的內容無法適用更新版本的軟體。本書發行後若有任何新消息，都會盡可能於敝公司網站（https://www.flag.com.tw/bk/st/F1017）公告，但可能無法即時提供所有最新消息以供解決您遭遇的問題，敬請見諒。另若因運用本書而產生直接或間接的損害，作者以及敝公司恕不負起相關一切責任，敬請海涵。

- 與本書相關之疑問，請上旗標知識講堂的粉絲專頁（https://www.facebook.com/flagforum/），私訊留言頁碼以及欲詢問之內容。敝公司網站（https://www.flag.com.tw/）上也提供了包含本書在內的其他書籍產品資訊，敬請參照。

- 書中所記載之公司名稱、產品名稱、服務名稱，皆為各開發商或服務提供者之註冊商標或其商標。書中不另標記 ™ 或 © 標誌。

# 作者簡介

## ▍三好大悟（Miyoshi・Daigo）

畢業於慶應義塾大學理工學部。畢業後以資料科學家的身份進入到株式會社 DataMix，為客戶提供以運用統計學跟機器學習進行資料分析、開發演算法為主軸的相關顧問服務。2020 年 7 月開始於株式會社 7&I 控股執行需求預測、提升最後一哩運送（Last One Mile）效率等相關 AI 專案。除此之外，也擔任資料科學講師與相關諮詢服務。

# 日文版監修人員與單位

## ▍堅田洋資（Katada・Yousuke）

畢業於一橋大學商學部。2013 年 7 月前往美國舊金山大學分析學碩士課程留學。隨後於國際會計師事務所德勤擔任分析顧問，於 Shiroyagi Corporation 擔任推薦演算法開發／諮詢顧問／資料科學企業培訓／資料科學課程企劃營運。2017 年創立株式會社 DataMix，以 CEO 的身份持續帶領公司推廣培育資料科學人才為主的服務。

## ▍株式會社 DataMix

株式會社 DataMix 是以「資料科學人才培育課程」服務為主軸，廣泛涉獵商務進修、顧問諮詢服務的企業。透過運用統計學與人工智慧、機器學習等方法做到資料分析，培育更多的商業戰略設計人才。公司創立以來，已經提供了資料科學相關教學服務給大約 1,500 名以上的學員。期望藉由與資料科學領域產生連結的服務，持續為更多的企業提供強化競爭力的解決方案。

公司網址：https://datamix.co.jp/。

# 目錄

## ▌Chapter 1　資料分析的基本概念

## ▌Chapter 2　透過敘述統計掌握公司基本資訊

# Chapter 3　使用資料視覺化了解營運趨勢

# Chapter 4　進行假設檢定確認差異是否顯著

# Chapter 1

# 資料分析的基本概念

# 1.1 先學習提問

我聽說你想要開始做資料分析，可以分享一下為什麼會想要開始接觸這個領域呢？

業務部的營業額遲遲沒有好轉，已經嘗試投入開發新客源，但業績還是沒有改善……所以才會想說能否提出其他企畫案給公司參考。為了要讓我的企劃案具有說服力，需要有資料分析的結果來佐證。

資料分析確實可以讓企劃案更有說服力，但是使用上要注意避免誤入陷阱。我們先來看看什麼是「資料分析的目標」吧。

還請多多指教！

---

**資料分析的目標**

- ☑ 探求現象的起因
- ☑ 驗證假設
- ☑ 找出問題的癥結

# 為什麼要做資料分析

　　假設發生「業務部門的營業額降低」，此時經常會有人認為「想必是沒有開發新客戶來增加訂單」。這句話當中雖然有「想必」，但其實毫無根據可言，只是當下想到什麼就脫口而出（圖 1.1.1）。

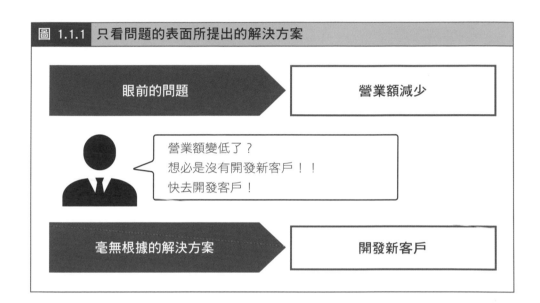

圖 1.1.1　只看問題的表面所提出的解決方案

眼前的問題　　　　　　　　營業額減少

營業額變低了？
想必是沒有開發新客戶！！
快去開發客戶！

毫無根據的解決方案　　　　開發新客戶

　　真的是因為沒有開發新客戶，導致營業額降低？此外，如果真的是因為沒開發新客戶而導致營業額降低，那是降低多少？像這種不進行任何分析、探究，就對「營業額減少」進行決策，即為**「未經資料分析的決策」**。毫無根據地要求員工執行某個任務去解決問題，不僅無法提升團隊士氣，也很難凝聚共識，最後也很難達成目標。

　　而為了要解決營業額不如預期，就需要先捫心自問圖 1.1.2 中的這幾個問題。

圖 1.1.2　面對困境時需要先回答這些問題

- 是否真的沒有努力開發新客戶？
- 是否開發新客戶的 KPI 指標[註1] 沒有達標？
- 營業額降低的原因跟開發新客戶的 KPI 有關嗎？
- 假設營業額降低的原因跟開發新客戶的 KPI 真的有關，那達成率降低了多少？

　　想要答覆上述問題，就會需要用到資料分析。然而要如何分析上述問題也是需要技巧，接下來就讓我們將資料分析的思考流程用下圖呈現（圖 1.1.3）。

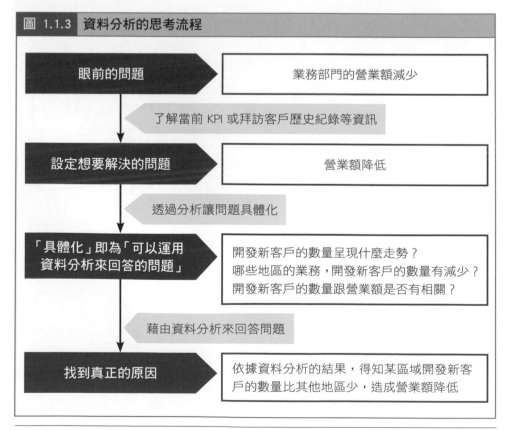

圖 1.1.3　資料分析的思考流程

**眼前的問題** — 業務部門的營業額減少

了解當前 KPI 或拜訪客戶歷史紀錄等資訊

**設定想要解決的問題** — 營業額降低

透過分析讓問題具體化

**「具體化」即為「可以運用資料分析來回答的問題」** — 開發新客戶的數量呈現什麼走勢？哪些地區的業務，開發新客戶的數量有減少？開發新客戶的數量跟營業額是否有相關？

藉由資料分析來回答問題

**找到真正的原因** — 依據資料分析的結果，得知某區域開發新客戶的數量比其他地區少，造成營業額降低

---

註1　KPI 為關鍵績效指標（Key Performance Indicators），是常用的簡稱。

# ▌假設問題

## 思考步驟 1：從現象思考如何假設問題

我們拆解圖 1.1.3 的思考流程。其實「業務部門的營業額降低」只是問題呈現出來的結果，不能只看這個結果就直接推斷解決方案，而是要先思考「為什麼會發生這樣的事情？原因是什麼？」。我們推測可能的原因，這個過程稱為「假設問題」，**運用 5W1H( Who、When、Where、What、Why、How )讓假設可以更具體**。比如，圖 1.1.3 中有「開發新客戶的數量有減少？」這個假設，可以繼續延伸出圖 1.1.4 的內容。

---

**圖 1.1.4　持續延伸的假設**

- 營業額不如預期，應該是因為業務比較少拜訪新客戶（What）？

- 有負責某區域（Where）的業務離職，導致某區域較少開發（Why），影響開發新客戶的數量？

---

一旦假設問題越來越具體，就能夠進入下一個步驟，透過分析來釐清真相為何。

## 思考步驟 2：從假設問題出發，將想知道的事情更具體描述

步驟 1 結束，問題還停留在「假設」的階段，還要經過驗證才能知道問題假設是否正確。驗證並不是憑著直覺與過往的經驗來妄下定論，而是要依據資料來檢驗。另外，在思考步驟 1 能越具體，經過分析後所獲得的結果就會越明確。如果可以解答圖 1.1.5 中所描述的事情，那麼就能知道圖 1.1.4 所訂立的問題假設是否符合實際現象，或者與事實不符。

圖 1.1.5　將想知道的事情更具體描述

- 某區域的每個營業據點，過去幾個月「每月營業額」走勢為何？「業務拜訪新客戶的次數」走勢為何？是否搭配看「各個通路銷售」走勢為何？

- 如果員工離職是本案的原因，那麼「平均每位業務拜訪新客戶的次數」是不會改變，真的是這樣嗎？是否搭配看「各個通路銷售」走勢為何？

- 「平均每位業務拜訪新客戶的次數」跟「營業額」相關性有多少？

## 思考步驟 3：選用合適的分析方法

當我們已經具體描述問題後，就可以進入資料分析的階段。為了探究步驟 2 所描述的問題，會需要使用許多本書第 2 章之後所介紹的分析方法。然而這邊要先提醒讀者：並非總是要選擇艱深的資料分析方法；相反地，筆者認為**若是簡單的方法就可以得到答案，當然是選擇簡單的方法比較好**。特別是當我們要探索資料的各種含義時，可能就會忍不住想用很高深的分析手法。但是選用的方法越複雜，事後想要解讀分析結果，或者做分析報告給同事時，就會越困難。再加上通常聽分析報告的人，不會很熟資料分析手法，如果簡單的分析方法、易讀的圖表就能解決問題，對於分析人員以及公司，都是比較好的選項。

此外，不僅要了解資料分析的方法，當設定好具體的假設問題後，也還要明確定義後續的分析流程，圖 1.1.6 是分析流程的示意圖。資料分析過程要先避免的事情是「直接打開 Excel 並且套各種分析手法」，筆者在此提醒讀者：請先放下握住滑鼠的手！

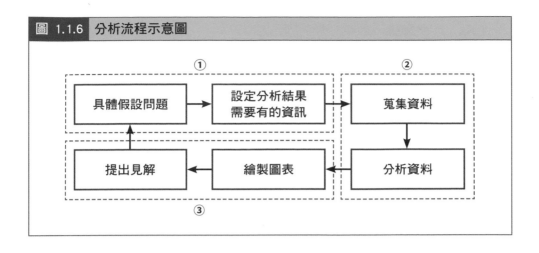

**圖 1.1.6　分析流程示意圖**

> **▶ 小編補充** 東京大學先端科學技術研究中心特任講師江崎貴裕曾經指出，資料分析的過程中，常常要來回檢查。也就是說，我們可能設定好問題並開始蒐集資料時，發現需要回頭調整假設問題。同樣的，也有可能在進行分析資料的時候，發現需要額外蒐集資料，或是修改假設問題。資料分析不僅有時需要如圖 1.1.6，執行數次分析才能得到結果；有時候可能某一次分析時，並沒有辦法從頭到尾順利地完成，而是要在過程中不斷反覆的檢查。詳細的說明，請參考江崎貴裕的 2 本著作「資料科學的建模基礎 – 別急著 coding！你知道模型的陷阱嗎？」以及「資料科學的統計實務 – 探索資料本質、扎實解讀數據，才是機器學習成功建模的第一步」。

# 1.2 資料分析的流程

## 資料分析的基本步驟

### 分析步驟 1：設定分析結果需要有的資訊

為了回答我們在思考步驟中的假設問題，我們需要擬定**以什麼分析來導出什麼樣的結果（輸出）**（圖 1.2.1）。

在前一節當中，我們懷疑「業務開發新客戶的數量」與「營業額」有關，所以要觀察「業務拜訪次數」、「業務拜訪客戶後的成交率」、「各個客戶的消費金額」等 KPI，接著透過資料分析來評估假設問題。此時，我們要思考哪些分析結果可以幫助我們評估假設問題。比如，想要知道「某個區域的每個營業據點，業務拜訪新客戶的次數」的走勢，那麼分析結果就會需要有「各個營業據點的新客戶拜訪次數折線圖」，其中 X 軸為時間、Y 軸為拜訪新客戶次數，看看是否有某個區域的拜訪新客戶次數明顯減少。又比如，想要了解「拜訪新客戶的次數跟營業額是否有相關」，那分析結果的資訊就要包含「X 軸為拜訪新客戶的次數，Y 軸為營業額的散佈圖[註2]」。

先設定好分析結果需要有的資訊，可以避免產出一些與假設問題較無關的資訊。

---

註2　以點狀的方式描述資料所繪成的圖形，本書 3.5 節會介紹。

圖 1.2.1 設定分析結果需要有的資訊

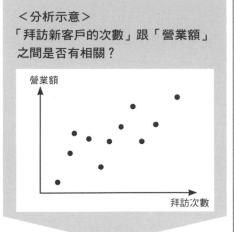

**＜分析示意＞**
「拜訪新客戶的次數」是呈現什麼走勢？

拜訪次數

AAA 營業據點
「業務拜訪新客戶的次數」

XXX 營業據點
「業務拜訪新客戶的次數」

年月

**＜分析示意＞**
「拜訪新客戶的次數」跟「營業額」之間是否有相關？

營業額

拜訪次數

**＜產出形式示意＞**
跟其他營業據點相比，XXX去拜訪新客戶的次數似乎有減少

**＜產出形式示意＞**
拜訪新客戶的次數越多，營業額看起來就會增加

## 分析步驟 2：蒐集資料、分析資料

　　了解分析結果需要包含的資訊之後，接下來要蒐集資料、進行分析。雖然筆者只簡單說「蒐集資料」，但實務上還真的不是簡單的事，尤其是當手邊的資料不足時，就需要跟客戶、各部門進行討論，才有機會獲取足夠的資料。若還是要不到足夠資料時，就得思考該做哪些事情來獲取資料。為了要做資料分析，需要額外增加工作來蒐集資料，有些人會覺得麻煩，但若是沒有資料，就什麼都做不成。

　　有時候**要看現有的資料是否足夠釐清問題，如果現有的資料有限，可能要蒐集更多資料，也有可能要修改假設問題**。資料分析經常是需要嘗試各種不同的可能。

### 分析步驟 3：繪製圖表、發表結論

分析完資料後，就可以製作分析結果的圖表，並確認分析結果是否符合分析步驟 1 所設定好的內容。能得到預期的結果是最完美，但是多數的情況可能是不如預期。筆者提醒一下，假設錯誤並非壞事，我們要思考「為什麼會出現不同的結果」、「從現有的結果可以做什麼推論」，也許會讓我們對眼前的問題有不一樣的觀點。

**資料分析不見得一次就會成功**。依循著分析結果，我們可以修改假設問題、重新定義想釐清的問題，並透過再次分析一步步探究到問題的核心，這樣的過程正是資料分析的精髓所在。

## ▌運用逆向思考來進行分析

剛剛介紹了資料分析的基本步驟，讀者要記得一個重點：資料分析時是要逆向思考。換句話說，先**設定好目標再來進行分析**。

到底逆向思考是什麼意思？有甚麼好處？我們先來談談軟體開發，通常開發過程是會先了解規格、條件，接著定義了輸入、設定輸出，最後才會實際進行設計。資料分析的步驟看起來跟上述流程很像，但是，資料分析時容易陷入「直接分析看看有什麼結果再說」。然而，如果分析之前沒有設定明確的終點，有可能無論想要分析多久、多遠，都有辦法一直做下去。很可惜通常時間是有限，為了要在一定時間內得到想要的分析成果，就必須要先設定最終想要解決的問題，才開始設計資料分析流程。

具體來說，資料分析是重複「設定分析結果需要有的資訊」→「蒐集資料、分析資料」→「繪製圖表、發表結論」的三個步驟。然而，筆者提醒讀者不要看到資料就急著分析，相反的，當意識到「從想要解決的問題反推究竟該做哪些分析才好」或是「執行哪些分析比較有機會釐清問題」，就能紮實做好資料分析的每一個步驟。

　　此外，我們也可能在進行資料分析的過程中，對客戶或公司業務等等有更深的理解，因此發覺新的假設。所以說，此時資料分析的步驟會變成「步驟 1：運用逆向思考，設定分析結果需要有的資訊」→「步驟 2：分析資料，加深對資料的理解與認知」→「步驟 3：判斷是否需要更新假設」→「步驟 4：修正假設」。透過重複這樣的步驟，做好資料分析。

### ★ 小技巧　設定好目標再進行分析

資料分析技術畢竟只是一個工具，還是要清楚知道分析的目標為何。直到分析過後、發表分析結果，並且實際在業務上帶來改變，才能說資料分析有用。

有鑑於此，希望各位都能謹記，「在做完分析之後，我們可以依據分析結果去採取哪些策略」，也是我們進行資料分析之前要想好的事情。

### 重點整理

① 建構我們希望釐清的事物

② 思索分析結果需要有的資訊

③ 蒐集資料、進行分析

④ 將分析結果落實到商業行為

# 1.3 5 種不同層級的資料應用方式

　　資料應用的方式可以如圖 1.3.1 分為 5 個層級，不同層級所需要運用的分析方法並不相同。越往圖的上方，其對應的分析技術通常就越難，不過可以解答更高層次的問題；反之，越往圖的下方通常難度越低，然而本書 1.1 節有提過「簡單的方法就可以得到答案，當然是選擇簡單的方法比較好」。接著我們來一一解說各個層級的細節吧。

| 圖 1.3.1 | 5 種不同層級的資料應用方式 |
| --- | --- |

| 層級 | 範例 |
| --- | --- |
| 層級 5：求出最佳解 | 該如何將員工分配到營業據點開發新客戶，才能最大化營業額？ |
| 層級 4：預測未來 | 如果每一位員工多開發一位新客戶，營業額可以成長多少？ |
| 層級 3：量化變數之間的因果關係 | 常常拜訪客戶，就能得到更多新客戶的訂單嗎？ |
| 層級 2：量化變數之間的相關性 | 業務拜訪新客戶的次數跟營業額是否有相關？ |
| 層級 1：量化現況 | 業務拜訪新客戶的次數的走勢為何？ |

## 層級 1：量化現況

　　這是比較簡單的資料分析應用，常見的方法有「**敘述統計**」、「**資料視覺化**」。以 1.1 的案例來說，可以是計算「營業額」跟「業務拜訪新客戶的次數」等 KPI 的平均數，或是畫出走勢圖。

## ▌層級 2：量化變數之間的相關性

比較進階的資料分析應用是找尋相關性。以 1.1 的案例來說，**就是了解「業務拜訪新客戶的次數」跟「營業額」的相關性**。

雖然這個層級也可以使用資料視覺化來處理，像是想知道「某一個變數跟另一個變數之間的相關性」，直接畫 2 個變數的散佈圖（第 3 章會再詳述），即可確認變數之間的相關性。但是，有些較複雜的問題，比如「很多變數跟另一個變數之間的相關性」，這種情況只依靠散佈圖，是滿難釐清變數之間的相關性。以 1.1 的案例來說，「營業額」幾乎不太可能只跟「業務拜訪新客戶的次數」有相關，可能還會跟其他變數有關係。也就是說，實際上可能是「業務拜訪新客戶的次數」跟其他很多變數相互疊加，影響了營業額。

通常比較複雜的問題，會使用「多元迴歸分析」來得知「哪個變數對營業額有多少的影響程度」。Excel 可以提供簡便的操作來執行多元迴歸分析，細節會於本書第 6 章當中講述。

要特別提醒讀者，即使我們研究得知「業務拜訪新客戶的次數」跟「營業額」兩者有相關性，但並**無法推論出「由於增加業務拜訪新客戶的次數，所以營業額提升了」這種因果關係**。也許因為公司投入行銷的資源更多，讓廣告曝光以及業務拜訪客戶的激勵獎金增加，於是營業額提升。這種情況，只分析「業務拜訪新客戶的次數」跟「營業額」的相關性，很難確認「業務拜訪新客戶的次數增加」會讓「營業額增加」。

因此，如果想要確認變數當中是否存在因果關係，就要進入下一個層級，來掌握因果關係。

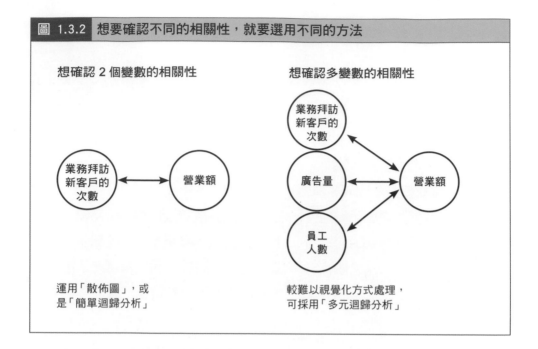

圖 1.3.2 　想要確認不同的相關性，就要選用不同的方法

想確認 2 個變數的相關性

業務拜訪
新客戶的
次數 ↔ 營業額

運用「散佈圖」，或
是「簡單迴歸分析」

想確認多變數的相關性

業務拜訪
新客戶的
次數

廣告量

員工
人數

營業額

較難以視覺化方式處理，
可採用「多元迴歸分析」

Excel 可能沒有內建複雜的分析手法（比如使用梯度提升決策樹
做迴歸分析），此時就需要使用 R 語言或是 Python 語言。

## 層級 3：量化變數之間的因果關係

要掌握因果關係其實不容易，因此進入到這個層級後就會需要用到更多統計學的相關知識。筆者要提醒讀者，有時就算使用複雜統計學方法，也不見得就能推斷出因果關係。這裡要簡單介紹的方法是隨機對照試驗（Randomized Controlled Trail, RCT），在 Web 應用領域又稱 A/B 測試。比如，對內容創作者或 UI（使用者介面）開發人員，需要知道是否「增加廣告會增加網頁點擊率」，所以需要採用 A/B 測試驗證因果關係。

隨機對照試驗是將實驗對象分成 A 與 B 兩群，並且只有 B 群套用了新政策，藉此**驗證新政策有什麼影響**。以圖 1.3.3 的案例來說，若想要知道

「增加廣告促使營業額上升」，就將某區域的潛在客戶設定為實驗對象，並分為 A 與 B 兩群，A 群「不發送廣告郵件」，B 群則「發送廣告郵件」。若實驗結果得知，A 群約產生 3% 的新客戶，B 群約產生 5% 的新客戶，最後用統計方法來分析這兩群的差距是偶然，還是足以視為有實質上的差異。如此一來就能知道「增加廣告促使營業額上升」是否為真。

想要操作隨機對照試驗，需要使用假設檢定（Hypothesis Test），細節會在本書第 4 章詳談。Excel 可以做到基本的假設檢定，也能做到隨機對照試驗。

不過，筆者要提醒大家，執行隨機對照實驗的過程中，常常會遇到滿多困難。以剛剛廣告的範例來說，想要盡可能地將 A 與 B 兩群當中各式各樣變數，比方說新客戶拜訪次數、郵件往來等，調整到相同狀態，並不容易。所以，隨機分 A 與 B 兩群、調整好實驗環境、執行隨機對照試驗、做出分析結果，一點也不輕鬆。於複雜環境正確進行隨機對照實驗的來驗證因果關係方法稱為「成效驗證」，實驗該如何進行的細節，礙於篇幅，本書就不多贅述。

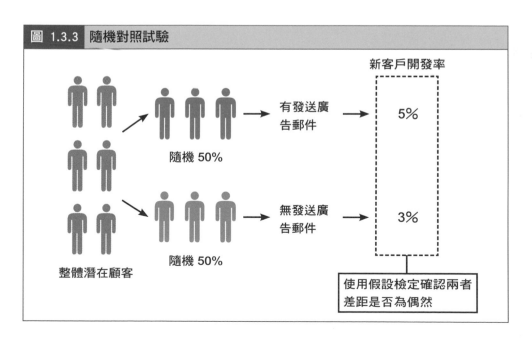

圖 1.3.3　隨機對照試驗

新客戶開發率

有發送廣告郵件 → 5%

隨機 50%

無發送廣告郵件 → 3%

隨機 50%

整體潛在顧客

使用假設檢定確認兩者差距是否為偶然

# 層級 4：預測未來

預測未來最常用的方法是機器學習（Machine Learning），也有人稱之為人工智慧（Artificial Intelligence）。以下為幾個使用機器學習做預測的案例。

> **圖 1.3.4　使用機器學習做預測的案例**
>
> - 網路平台上，電商會根據用戶的訂閱資訊、過去的瀏覽量、以及購買紀錄等資料，預測某用戶「下個月會不會取消訂閱」。
> - 物流業者依據各個商品過去的進貨數、出貨量等資料，預測某商品「下週預計出貨量是多少」。

上述案例有兩點共通點：第一，有可用於預測的客戶（或商品）相關資料；第二，有明確要預測的目標。只要滿足這兩點，就可以使用機器學習演算法，建立一個模型來預測目標。

礙於篇幅，本書不多談機器學習的細節演算法。不過，近年來商業界漸漸導入機器學習來進行預測，也有很多方便建模的工具可以使用，使得機器學習開始普及化。筆者認為面對這樣的時代浪潮，就算不是專業資料科學家，也需要掌握足夠的機器學習相關知識。

**編註**　想了解更多關於建模相關的知識，可以參考旗標出版的「資料科學的建模基礎 - 別急著 coding！你知道模型的陷阱嗎？」

# ▌層級 5：求出最佳解

當我們學會用統計學跟機器學習來建構模型後，就能夠用模型求出最佳解，這稱為**最佳化**。比如，物流業者如果能夠預測之後的商品出貨量，就有機會知道「哪些商品分別要準備多少數量，並且要存放在什麼位置？」之類問題，而這個過程稱為「求出最佳解」。

為了得到最佳解，我們需要先定義問題。然而，因為定義一個問題的「最佳」解，方法很多種，甚至有些最佳化問題可能很難找到答案。筆者認為，雖然目前為止找出最佳解的方法，並不像層級 4 建構預測模型，有著很多自動化的工具可以使用。但是 Excel 還是可以幫我們處理一些常見的最佳化問題，本書將會在第 7 章介紹。

我們將 5 個層級的應用以及所需要用的分析手法，整理在一張圖上，就會如圖 1.3.5。各位無需記住專有名詞，先能掌握概要即可。

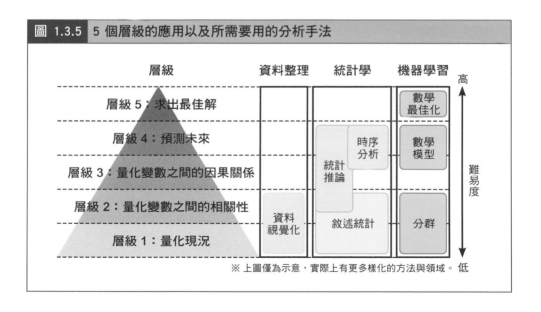

**圖 1.3.5　5 個層級的應用以及所需要用的分析手法**

※ 上圖僅為示意，實際上有更多樣化的方法與領域。

層級 1 跟層級 2 的應用中，常用的方法如敘述統計跟資料視覺化，紮實學好這些方法，**就能定量掌握變數的變化以及變數之間的相關性**。筆者認為，進入機器學習與數學最佳化等高階的分析之前，必須先紮實了解敘述統計以及資料視覺化，並且應用於日常工作中。我們熟悉的 Excel 就能做到不少敘述統計跟資料視覺化，但若是要處理龐大資料量，就需要仰賴資料庫跟 SQL 的知識了。接下來本書第 2 章跟第 3 章會開始介紹敘述統計與資料視覺化。

層級 3 跟層級 4 是要量化變數之間的因果關係，以及預測未來。假設檢定與迴歸分析是這個層級中常出現的方法，本書將會在第 4 章開始為各位解說如何用 Excel 來完成這些分析。

最近很流行人工智慧、機器學習，如果不會是否就沒辦法做資料分析？

 近幾年確實很常見使用機器學習來分析資料，不過，第一步還是要先掌握資料特性，才是資料分析領域的基礎。此外，Excel 就可以完成層級 1 跟層級 2 的應用，更應該好好善用。實際上的操作方式，我們後續會介紹。

編註 想要了解資料庫以及 SQL，可以參考旗標出版的「從零開始！邁向數據分析 SQL 資料庫語法入門」。

# 1.4 運用 Excel 作資料分析的案例

　　「有沒有使用 Excel 作資料分析的實務案例呢？」接下來分享幾個筆者過去使用 Excel 作資料分析的經驗，稍加簡化後的案例。

## ▌ 實際案例 1：分析有多少比例的觀眾會看完影片

　　越來越多人會使用手機或是電腦上網看影片，讀者可以想像這個場景：如果讀者拍攝、上傳教學影片後，通常就會想要知道「有多少人真的會看完影片呢」，如果我們可以知道「大家都是在教學影片的什麼時間點關掉影片」，也許就可以知道接下來影片拍攝時，哪一部分需要改進。因此，我們可以透過分析紀錄檔（Log Data）來回答如圖 1.4.1 的問題。

| 圖 1.4.1　使用影片記錄檔回答以下問題 |
| --- |
| ● 觀眾看了哪些影片？<br>● 從第幾小時第幾分鐘開始看？<br>● 看到第幾小時第幾分鐘？<br>● 看到影片的那個段落就關掉了？ |

　　其實這個資料預處理（data preprocessing，像是處理缺失資料、變數轉換等，我們在本書第 5 章會介紹一些基本技巧）並不是很好作，所以資料分析領域流傳著「資料分析大約有 80% 的時間都在進行資料預處理」。分析完記錄檔之後，我們就可以藉由圖 1.4.2 來回答「每支影片在不同時間點，所剩的觀眾人數」。

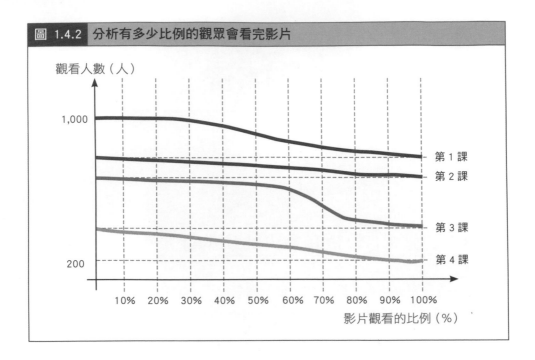

**圖 1.4.2　分析有多少比例的觀眾會看完影片**

觀看人數（人）

1,000

200

第 1 課
第 2 課
第 3 課
第 4 課

10%　20%　30%　40%　50%　60%　70%　80%　90%　100%

影片觀看的比例（%）

　　X 軸為影片觀看的比例，Y 軸為觀看人數，將一個教學影片中不同課的觀看人數走勢，依影片時間描繪。可以發現**雖然一開始有 1000 人在觀看影片，但最後只剩 200 人，因此完課率只有 20%**。接下來我們還可以如圖 1.4.3 來判讀資料分析的結果。

**圖 1.4.3　從分析結果可以研判的事情**

- 第 1 課的影片到了 30% 之後，很多觀眾就開始關掉影片了。所以是否要調整 30% 處的影片內容？

- 跟其他相比，第 2 課較多觀眾會看完，是因為影片內容比較優質嗎？

- 第 3 課的影片，大約在 60% 到 80% 這個區間，觀眾人數一下子掉了很多，這部分的內容是否有比較嚴重的問題？

透過資料，了解具體的問題，接著思考改善的方向，是作資料分析重要的目標。

> 雖然這個案例只用了敘述統計以及資料視覺化，但是讀者可以發現，即便只用這兩個分析手法，一樣可以從資料中獲得接下來可以執行的策略。

# 實際案例 2：決定公司人事政策

無論是站在公司的角度、或者是部門的角度，都會面臨到許多人事政策上的問題。比如，想要了解公司的工作氣氛，決定之後的人事政策，這時候可能需要處理下列問題。

| 圖 1.4.4　人事政策上的問題 |
| --- |
| ● 不同部門或性別，對於公司的滿意度是否有差異？<br>● 有什麼樣的因素會影響公司滿意度？ |

我們要先蒐集資料，才能使用資料分析處理這樣的問題。所以我們設計了圖 1.4.5 的問卷，每個問題都可以給 1 到 10 分，來量化員工對公司的滿意度。

| 圖 1.4.5　公司滿意度問卷調查 |
| --- |
| ● 問題 1：對公司目前的狀況滿意嗎？<br>● 問題 2：是否因具有挑戰性的工作而獲得成長？<br>● 問題 3：是否認為公司給薪合理？<br>● 問題 4：部門氛圍適合自己？<br>● 問題 5：認為直屬上司值得員工信賴？<br>● 問題 6：覺得工作量繁重？ |

問卷調查的問題設定並沒有固定的方法，需要依照各行各業的狀況而定，所以要了解該領域的專業，才能規劃出關鍵的問題，並更深入了解一家公司。等到收齊問卷之後，就可以分析問卷來回答圖 1.4.4 的問題。但是，圖 1.4.4 的問題並不夠具體，比如「什麼叫有差異」？因此，我們將圖 1.4.4 的問題，改寫成如圖 1.4.6 的甲、乙兩個更具體的問題。

---

**圖 1.4.6　更具體的人事政策上問題**

- 問題甲：不同部門、性別對「問題 1：對公司目前的狀況滿意嗎？」這題的平均分數差距多少？

- 問題乙：有哪些項目跟「問題 1：對公司目前的狀況滿意嗎？」之間有著較強的關聯？

---

問題甲希望可以看出部門、性別對公司滿意度的差異，我們可以用視覺化的方式來呈現評分。問題乙希望可以找出影響公司滿意度的因素，所以要知道哪些項目跟「公司的滿意度」有較強的相關性。除了單純使用敘述統計跟資料視覺化之外，我們還可以加上**統計學的假設檢定**（第 4 章會詳細介紹操作方法），問題甲的分析結果如圖 1.4.7。

---

**圖 1.4.7　問題甲的分析結果**

- 部門 A 的平均分數為 6.0，部門 B 的平均分數為 8.6，並且差異具有統計顯著，所以接下來需要了解為什麼部門 A 的同仁滿意度較低。

- 女性的平均分數是 7.5，跟男性的平均分數是 8.0，並且差異無法斷言有統計顯著，因此可能不需要進一步的研究。

---

後面的章節會說明如何使用統計學觀點，以及解讀分析結果，目前各位只要先有個概念即可。

　　圖 1.4.8 是將問題甲的分析結果繪製出來（第 3 章會詳細介紹方法），可以看出 2 個部門以及男女分數的散佈狀態。我們透過比較散佈程度，搭配統計學的假設檢定，即可來研判 2 個部門以及男女分數的平均數是否有統計上的顯著差異。

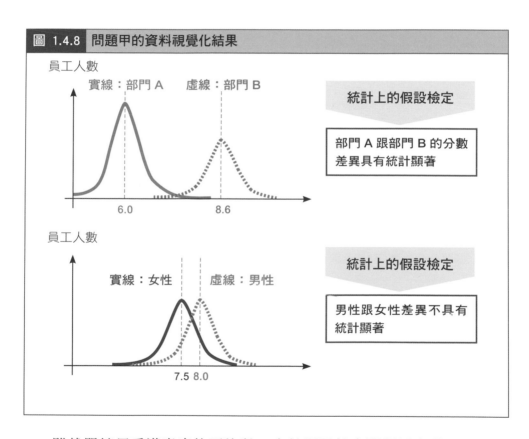

圖 1.4.8 問題甲的資料視覺化結果

　　雖然單純只看滿意度的平均數，女性跟男性之間還是有著 0.5 的差異，然而只看這微小的差異，是無法釐清「這是否為重要的差異」或者「這一點差異忽略也沒關係」。所以才需要運用假設檢定，幫助我們釐清這差距到底是否具有顯著意義。

圖 1.4.9 是問題乙的分析結果，這裡用本書第 6 章會介紹的「多元迴歸分析」。這個方法可以看出問題 2 到問題 6，對「問題 1：對公司目前的狀況滿意嗎？」產生多少影響，也就是分析並呈現「多變數對單變數」的影響。除此之外，多元迴歸分析還能夠判斷變數的影響力是否顯著，如圖 1.4.9 中＊代表該項目具有顯著影響力。

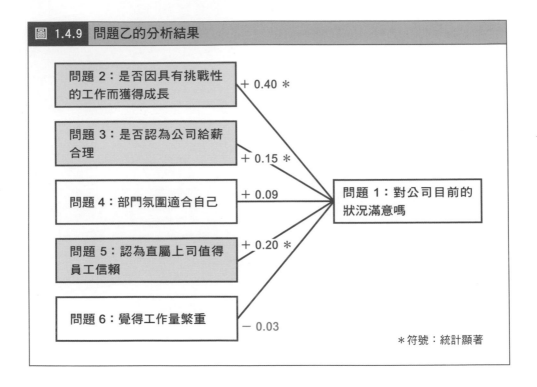

圖 1.4.9　問題乙的分析結果

問題 2：是否因具有挑戰性的工作而獲得成長　　＋ 0.40 ＊

問題 3：是否認為公司給薪合理　　＋ 0.15 ＊

問題 4：部門氛圍適合自己　　＋ 0.09

問題 1：對公司目前的狀況滿意嗎

問題 5：認為直屬上司值得員工信賴　　＋ 0.20 ＊

問題 6：覺得工作量繁重　　－ 0.03

＊符號：統計顯著

　　從圖 1.4.9 的結果我們能判讀出圖 1.4.10 的資訊。

圖 1.4.10　解讀問題乙的分析結果

● 具有挑戰性的工作而獲得成長、合理薪酬、信任上司這幾題的評分越高，對公司的滿意度就上升。

● 部門氛圍與業務量多寡對滿意度沒什麼影響。

判讀分析結果後可以得知，公司更應該關注在能提升自我技能的工作、合理的薪酬、值得信任的上司，而不是部門氛圍、工作量。因此我們可以建議：當人事部門要求減少同仁加班，或是用上班時間促進同事交流等事情，也許會有反效果。

這個範例展現了**就算只是很單純的問卷調查，透過優質的資料分析方法，也可以獲得深入的見解**。

希望本節的兩個範例，可以讓讀者了解資料分析在實務上如何應用。讀者可以想「如果這是自己的公司，該怎麼樣使用資料分析來解決問題」，漸漸就會有一些能夠嘗試資料分析的想法。接下來本書將會提供更詳細資料分析的技術，讓讀者能夠深入理解如何操作資料分析，將想法轉為實際行動。

# 1.5 使用 Excel 進行資料分析的準備工作

第 1 章的最後一節要來說明使用 Excel 進行資料分析時，需要做的準備工作。圖 1.5.1 是一些 Excel 可以執行的資料分析，如果超出這個範圍（編註：比如想要用自編碼器等深度神經網路），可能就要考慮使用 R 或 Python 語言。

---

**圖 1.5.1** 可以使用 Excel 做的資料分析

- 敘述統計

- 資料視覺化

- 假設檢定

- 多元迴歸分析

- 部分的最佳化方法

---

## ▌在 Windows 系統下安裝 Excel 增益集

本書基於 Windows11 的 Excel 2021，使用 Excel 進行資料分析，需要「分析工具箱」跟「規劃求解增益集」，以下步驟是新增這些增益集的方法。

步驟 **❶**：開啟 Excel，點選**檔案**。

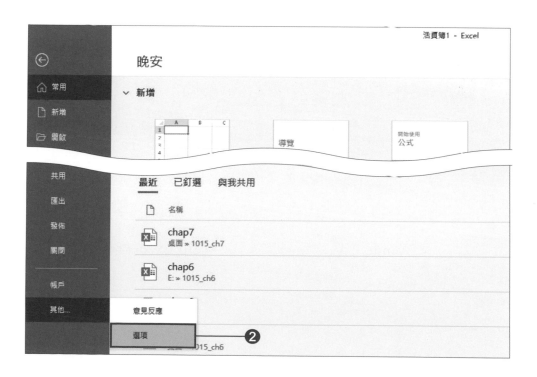

步驟 **❷**：點選**選項**，就會跳出 Excel **選項**視窗。

步驟 ❸：在 Excel 選項視窗中點選**增益集**。

步驟 ❹：點選下方**管理**右邊的**執行**，這樣就能出現**增益集**的視窗了。

步驟 ❺：在**增益集**的視窗中勾選**規劃求解增益集**跟**分析工具箱**

步驟 ❻：按下**確認**。倘若在這之後出現分析工具箱尚未安裝的訊息，麻煩請依照電腦上的指示進行安裝。

## ▌在 Mac 系統下安裝 Excel 增益集

步驟 **❶**：從工具選單當中點擊 Excel **增益集**

步驟 **❷**：**增益集**視窗中勾選**分析工具箱**跟 Solver Add-In

步驟 **❸**：按下**確定**。

本書的操作畫面會以 Windows 的 Excel 為主，使用 Mac 的讀者可能會發現操作步驟略有不同。

下一章開始，就要開始說明使用 Excel 進行資料分析的具體方法。

★小技巧　設定好目標再進行分析

除了 Excel 內建的增益集之外，也可以使用第三方所開發的增益集。比如，專為統計分析打造的「Excel 統計」（https://bellcurve.jp/ex/）付費增益集。此增益集提供更多統計分析的功能，例如：

● 更多假設檢定的檢定方法

● 分析時間序列資料

● 進行因素分析（Factor Analysis）等高階的多變量分析（Multivariate Analysis）

本書會以 Excel 內建的增益集為主。筆者建議讀者先將本書的內容掌握好，打好基礎。當需要更高階的分析時，再評估是否付費購買軟體。

# Chapter 2

透過敘述統計
掌握公司基本資訊

# 2.1 敘述統計

對了，你知道「平均數」嗎？

雖然沒有認真想過，但平均數應該是用來代表好幾個數字吧？

對。事實上求出平均數也屬於資料分析的方法之一。像是運用平均數、標準差這些數值來表示資料特徵或走勢，稱為「敘述統計」。

「敘述統計」？聽起來好困難。

敘述統計其實很常在日常當中使用。敘述統計是進入資料分析世界的第一關，其蘊含的觀念並不難。

---

### 何謂敘述統計

☑ 運用平均數跟標準差來認識資料走勢

☑ 抽樣得到的資料經過敘述統計的計算得出的數值稱為基本統計量

☑ 敘述統計是描述或總結資料基本情況的統計方法

# 為什麼需要敘述統計

敘述統計的難易度如圖 2.1.1 所示，層級 1 跟層級 2 的應用很常會使用敘述統計。

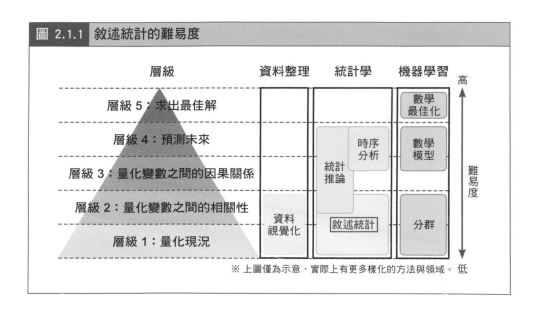

圖 2.1.1　敘述統計的難易度

※ 上圖僅為示意，實際上有更多樣化的方法與領域。

「敘述統計」除了常見的平均數，還有稍後會介紹如中位數等。**我們常常從平均數出發，搭配其他敘述統計，進而掌握資料特徵或走勢。**有些讀者可能會問「為什麼需要用敘述統計」，筆者認為敘述統計可以讓我們不用仔細研究每一筆資料。比如，透過檢視所有的資料來掌握全貌，當資料僅有 100 筆時還可以，要是有 1 萬筆或者更多資料，就很難在有限的時間內，透過一筆一筆查看來了解資料。此時，藉由敘述統計，就有辦法快速掌握資料走勢跟特徵，無需逐筆檢視資料。

## ▌了解資料很重要

近年來，AI 跟大數據分析蔚為潮流，因此可能有些人認為直接套用這些技術來分析資料就好，至於資料的樣貌是什麼就不重要。但事實上，為了要妥善應用 AI 等技術，第一步還是要充分理解資料的內容。也許有人會認為，跟 AI 等這些技術比較，本章的敘述統計以及下一章的資料視覺化等方法太過基礎、實用性不高，但這兩個章節所學習到的知識與實務，都是資料分析流程當中非常重要的程序。

接下來我們用 chap2.xlsx 的 dataset 工作表來帶領讀者了解敘述統計，工作表中已經有零售超市 A 某週的銷售資料，每個資料欄位的定義請見圖 2.1.2。此工作表是筆者參考零售業者公開資訊所製作的虛構資料，用來幫助讀者理解資料分析的觀念與步驟，書中不會深究資料本身是否符合真實狀況。

| 圖 2.1.2　經營蔬果經銷的零售超市 A 於某週的銷售資料 | |
|---|---|
| 列名 | 定義 |
| 商品 ID | 商品的編號（數值本身不具任何意義） |
| 商品類型 | 商品的種類（日用品、蔬果） |
| 折扣與否 | 商品是以定價販售、還是折扣後的價格 |
| 重量 | 商品重量（單位：公克） |
| 佔有率 | 單一商品的陳列面積佔店面總面積的比率（％） |
| 進貨單價 | 商品以多少價格買入（單位：元） |
| 商品單價 | 商品定價，不打折的價格（單位：元） |
| 銷售數量 | 商品賣出的個數 |

# 2.2 正確了解「平均數」

　　首先要介紹的敘述統計是「平均數」。相信很多人都用過平均數，其定義如圖 2.2.1，平均數可說是資料的「重心」所在(圖 2.2.2)。

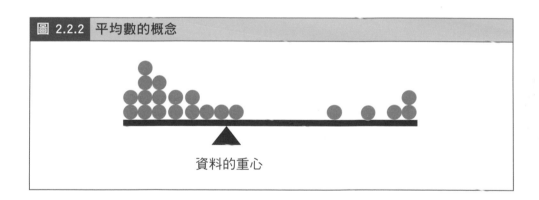

| 圖 2.2.1 | 平均數的定義 |
| --- | --- |

$$平均數 = \frac{所有資料的總計}{資料數量}$$

| 圖 2.2.2 | 平均數的概念 |
| --- | --- |

資料的重心

## ▍實作：用 AVERAGE 函數計算平均數　chap2.xlsx：chap2-1

　　我們現在用 Excel 來算平均數，請開啟練習檔 chap2.xlsx 裡面的 chap2-1 工作表。可以看到 A 欄為「商品 ID」、B 欄為「銷售數量」，這份資料呈現了每個商品各自賣出了幾個。商品從第 2 列到第 683 列都有填「商品 ID」跟「銷售數量」。我們現在要計算「銷售數量的平均數」，並將計算結果填在儲存格 E3，步驟如下。

步驟 ❶：在 E3 儲存格輸入「=AVERAGE(B2:B683)」。

步驟 ❷：後按下鍵盤的 Enter 鍵，如此一來就能自動算出「27.7346041」
　　　　的結果。

圖 2.2.3　在 Excel 使用 AVERAGE 函數計算平均數

| | A | B | C | D | E | F | G | H |
|---|---|---|---|---|---|---|---|---|
| 1 | 商品ID | 銷售數量 | | | | | | |
| 2 | ID_CI31 | 22 | | 範例1. 試求銷售數量的平均值、中位數、最大值、最小值 | | | | |
| 3 | ID_CJ19 | 49 | | 平均值 = | =AVERAGE(B2:B683) | | ❶ | |
| 4 | ID_CJ31 | 19 | | 中位數 = | | | | |
| 5 | ID_CK31 | 14 | | 變異數 = | | | | |
| 6 | ID_CL07 | 19 | | 標準差 = | | | | |
| 7 | ID_CL31 | 25 | | 最大值 = | | | | |
| 8 | ID_CM07 | 27 | | 最小值 = | | | | |
| 9 | ID_CM19 | 51 | | | | | | |

圖 2.2.4　在 Excel 使用 AVERAGE 函數計算平均數的結果

| | A | B | C | D | E | F | G | H |
|---|---|---|---|---|---|---|---|---|
| 1 | 商品ID | 銷售數量 | | | | | | |
| 2 | ID_CI31 | 22 | | 範例1. 試求銷售數量的平均值、中位數、最大值、最小值 | | | | |
| 3 | ID_CJ19 | 49 | | 平均值 = | 27.7346041 | | ❷ | |
| 4 | ID_CJ31 | 19 | | 中位數 = | | | | |
| 5 | ID_CK31 | 14 | | 變異數 = | | | | |
| 6 | ID_CL07 | 19 | | 標準差 = | | | | |
| 7 | ID_CL31 | 25 | | 最大值 = | | | | |
| 8 | ID_CM07 | 27 | | 最小值 = | | | | |
| 9 | ID_CM19 | 51 | | | | | | |

　　透過這樣的計算，可以知道總共 682 個商品當中每個商品「平均賣出
27.7 個」。

## ▌了解函數的基本概念

　　剛剛輸入的「AVERAGE」是「函數」，我們可以用 Excel 內建的許多函數來做各種計算。透過 Excel 內建的「AVERAGE」函數，就能輕鬆計算平均數。

　　輸入函數時，請先輸入「=」，接著輸入函數名稱「AVERAGE」，最後輸入「( )」來接收函數的引數。若要計算特定範圍的資料平均數時，則將「**第一筆資料的儲存格索引**」作為第一個引數，接著輸入「**:**」，再將「**最後一筆資料的儲存格索引**」作為第二個引數。以圖 2.2.3 為例，我們輸入的「=AVERAGE(B2:B683)」代表計算 B2 到 B683 的資料平均數。

| 圖 2.2.5　Excel 函數語法 | | |
|---|---|---|
| 函數語法 | = 函 數 名 稱<br>（引數） | • 輸入在想要顯示計算結果的儲存格<br>• 於「＝」後方輸入函數名稱<br>• 以「( )」包含引數<br>• 使用引數指定計算範圍時，第一個儲存格索引跟最後一個儲存格索引之間以「：」隔開<br>• 欲指定多個引數時則以「,」隔開 |
| 範例 | =AVERAGE<br>(B2:B683) | 求出從 B2 到 B683 的平均數 |

## ▌平均數需注意的事項

　　計算平均數時需要注意一些事情，先來看圖 2.2.6 中的數列，平均數算出來應該是多少？

圖 2.2.6　平均數會受到離群值影響

**1, 2, 3, 4, 5, 6, 7, 1000**

　　算出來的平均數是 128.5，但是相信很多人覺得應該要是 3～5 左右，比較能代表這個數列吧。平均數會受到離群值（outliers）的影響（編註：離群值是與大多數一般值差異很大的數值，離群值可能是極大值或是極小值。另外，資料當中可能會有數個離群值，但是如果資料不重複的情況下，最大值或最小值只會有 1 個），因此計算出來的平均數會大於絕大多數的資料數值，尤其當遇到資料筆數較少時，請特別注意這種問題。

　　可是為了避免平均數被離群值影響，要確認所有資料當中是否有離群值，會很耗時間。此時，可以計算「中位數」，並且搭配本書下一章會講解的視覺化技巧一起判讀資料。

# 2.3 不易受到離群值（Outlier）影響的「中位數」

　　**「中位數」是指在多個數值當中，位於正中間的數字**。將資料從小到大排序，當資料總共有 5 筆時，排名第 3 的數字為中位數；當資料總共有 7 筆時，排名第 4 的數字為中位數。以圖 2.3.1 來看，即便最大的數值從 100 變成了 1,000 還是 10,000，資料的中位數一樣都是 3。因此中位數的優勢在於不會輕易受到離群值影響。

| 圖 2.3.1 | 中位數的概念 |
| --- | --- |

[ 100, 1, 2, 1, 2, 3, 4, 4, 3, 3, 4 ]

從小到大排序

[ 1, 1, 2, 2, 3, 3, 3, 4, 4, 4, 100 ]

↑
中位數

> 雖然中位數是個淺顯易懂的指標，但是並不容易用數學來表達。由於本書並非數學教科書，因此數學部分就不深究了。

## 實作：用 MEDIAN 函數計算中位數    `chap2.xlsx：chap2-1`

　　我們現在要實際計算 chap2.xlsx 的 chap2-1 工作表中，「銷售數量」的中位數。Excel 內建計算中位數的函數是 MEDIAN，引數則指定資料範圍，計算步驟如下。

步驟 ❶：於 E4 儲存格中輸入「=MEDIAN(B2:B683)」。

步驟 ❷：按下鍵盤的 Enter 鍵。

---

圖 2.3.2 在 Excel 使用 MEDIAN 函數計算中位數

| | A | B | C | D | E | F | G | H |
|---|---|---|---|---|---|---|---|---|
| 1 | 商品ID | 銷售數量 | | | | | | |
| 2 | ID_CI31 | 22 | | 範例1. 試求銷售數量的平均值、中位數、最大值、最小值 | | | | |
| 3 | ID_CJ19 | 49 | | 平均值 = | 27.7346041 | | | |
| 4 | ID_CJ31 | 19 | | 中位數 = | 27 | ❶ | | |
| 5 | ID_CK31 | 14 | | 變異數 = | | | | |
| 6 | ID_CL07 | 19 | | 標準差 = | | =MEDIAN(B2:B683) ❷ | | |
| 7 | ID_CL31 | 25 | | 最大值 = | | | | |
| 8 | ID_CM07 | 27 | | 最小值 = | | | | |
| 9 | ID_CM19 | 51 | | | | | | |

---

中位數的計算結果為 27，跟平均數的計算結果 27.7 相比，沒有差很多。我們可以推論「銷售數量的資料當中，應該沒有包含離群值」，因為**「如果存在離群值時，平均數會受到離群值影響。但在此範例當中，平均數並沒有比中位數高太多，代表銷售數量當中並未包含離群值」**。

或許有讀者會認為「既然平均數會被離群值影響，那以後都看中位數就好了」。但是，筆者建議一起看平均數跟中位數，比較能了解資料的不同面向，尤其是當平均數跟中位數差異較大時，同時報告平均數跟中位數是較好的選擇。此外，筆者認為圖 2.3.2 的範例裡，平均數跟中位數差異不大，可以只使用平均數作為分析結果，因為「比較多人認識平均數」，如此可以避免溝通上的誤會。

# 2.4 使用「變異數」來表示資料距離平均數多遠

平均數跟中位數，都試圖要用一個數字來代表整體資料，但是這樣並不足以讓我們了解資料。我們來看圖 2.4.1 的兩組範例資料，這兩組資料的平均數跟中位數都是 5，但是下排資料明顯比上排資料的分散程度更大。

| 圖 2.4.1 | 平均數跟中位數相同，但分散不同的兩組資料 |
| --- | --- |

$$[\,0, 1, 2, 3, 4, 5, 6, 7, 8, 9, 10\,]$$

平均數跟中位數都是「5」

$$[\,-20, -15, -10, -5, 0, 5, 10, 15, 20, 25, 30\,]$$

從圖 2.4.1 得知試圖要用一個數字來代表整體資料，並不足以讓我們了解資料，我們還需要知道資料的分散程度，其中一個方法就是計算「變異數」。變異數是用來表示資料距離平均數有多遠，詳細計算方式如圖 2.4.2 所示：「每筆資料跟平均數的差值」的「平方」後「加總」，接著除以「資料總數減去 1」。變異數也是之後計算「標準差」時重要的過程，我們在 2.5 節會介紹。

| 圖 2.4.2 | 變異數的計算方式 |
| --- | --- |

$$變異數 = \frac{\sum_{i}^{N}(\text{第 } i \text{ 筆資料} - \text{平均數})^2}{\text{資料數量 } N - 1}$$

## ▌實作：用 VAR.S 函數計算變異數 chap2.xlsx：chap2-1

我們要使用 Excel 內建的 VAR.S 函數[註1]來計算變異數，引數則為資料範圍，計算步驟如下。

步驟 **❶**：E5 儲存格輸入「=VAR.S(B2:B683)」。

步驟 **❷**：按下鍵盤的 Enter 鍵。

---

**圖 2.4.3　在 Excel 使用 VAR.S 函數計算變異數**

=VAR.S(B2:B683) ❷

| | A | B | C | D | E | F | G | H |
|---|---|---|---|---|---|---|---|---|
| 1 | 商品ID | 銷售數量 | | | | | | |
| 2 | ID_CI31 | 22 | | 範例1. 試求銷售數量的平均值、中位數、最大值、最小值 | | | | |
| 3 | ID_CJ19 | 49 | | 平均值 = | 27.7346041 | | | |
| 4 | ID_CJ31 | 19 | | 中位數 = | 27 | | | |
| 5 | ID_CK31 | 14 ❶ | | 變異數 = | 95.1232942 | | | |
| 6 | ID_CL07 | 19 | | 標準差 = | | | | |
| 7 | ID_CL31 | 25 | | 最大值 = | | | | |
| 8 | ID_CM07 | 27 | | 最小值 = | | | | |
| 9 | ID_CM19 | 51 | | | | | | |

---

讀者可能會疑惑「95.1232942」是什麼意思？我們回去看圖 2.4.2 變異數的計算方式，就會發現這個數值的意義並不是很好解釋。因為變異數計算過程中，是把資料減去平均數後取「平方」，所以變異數的單位並不是「銷售數量」，而是「銷售數量的平方」，導致我們無法簡單解釋這個數值。為了解決這個問題，通常比較常用的下一節會提到的標準差，來判斷資料的分散程度。

---

註1　Excel 內建的 VAR.P 函數也可以計算變異數。差別在於 VAR.P 的 P 代表母體（Population），而 VAR.S 的 S 代表樣本（Sample）。當我們的資料是從母體抽樣出來的樣本時，可以使用 VAR.S 函數。若我們關注的資料就是母題本身，可以使用 VAR.P 函數。一般而言，我們分析的資料都是從母體抽樣部分出來的樣本，因此 VAR.S 是比較常用的函數。

# 2.5 使用「標準差」來掌握資料分散程度

　　知道變異數之後，就能容易理解標準差。標準差跟變異數同樣都是用來評估資料的分散程度。上一節有提到，由於變異數的計算中有「平方」的動作，因此計算結果的單位會比較難解釋。此時，只要將變異數開根號，就能回到熟悉的單位。比如，測量商品的長度時，單位使用公分，變異數的單位就會變成平方公分，此時對變異數開根號，就會變回公分了。

| 圖 2.5.1 | 標準差的計算方式 |
| --- | --- |

$$標準差 = \sqrt{變異數}$$

## ▌ 實作：用 STDEV.S 函數計算標準差 `chap2.xlsx：chap2-1`

　　雖然我們可以使用變異數的計算結果，接著開根號，得到標準差，但其實 Excel 已經有內建的標準差計算函數，可以直接使用。我們來用 STDEV.S 函數來計算標準差，引數則為資料範圍即可。計算步驟如下：

步驟 **①**：E6 儲存格輸入「=STDEV.S(B2:B683)」。

步驟 **②**：按下鍵盤的 Enter 鍵。

| 圖 2.5.2 | 在 Excel 使用 STDEV.S 函數計算標準差 |
| --- | --- |

|  | A | B | C | D | E | F | G | H |
| --- | --- | --- | --- | --- | --- | --- | --- | --- |
| 1 | 商品ID | 銷售數量 | | | | | | |
| 2 | ID_CI31 | 22 | | 範例1. 試求銷售數量的平均值、中位數、最大值、最小值 | | | | |
| 3 | ID_CJ19 | 49 | | 平均值 = | 27.7346041 | | | |
| 4 | ID_CJ31 | 19 | | 中位數 = | 27 | | | |
| 5 | ID_CK31 | 14 | | 變異數 = | 95.1232942 | | | |
| 6 | ID_CL07 | 19 | ① | 標準差 = | 9.75311715 | | | |
| 7 | ID_CL31 | 25 | | 最大值 = | | | | |
| 8 | ID_CM07 | 27 | | 最小值 = | =STDEV.S(B2:B683) ② | | | |

　　計算結果為「9.7531175」，單位是「銷售數量」。標準差是表示資料跟平均數的「平均距離」有多遠，因此標準差越小，資料就會越集中在平均數附近。從本次分析的結果可以看到，當「銷售數量的平均數」為 27.7，大多數的資料都落在 27.7 ± 9.75 之間，也就是 17.95～37.45。但是並非所有的資料都是落在 27.7 ± 9.75 這個區間，比如 B3 欄位的數值為 49；反過來也有很接近平均數的資料，比如 B8 欄位的資料剛好就是 27。

運用標準差，就能了解資料的分散程度。

# 2.6 使用「最大值」與「最小值」來看資料範圍

最後要介紹的敘述統計是最大值跟最小值，這是要找出資料當中最大跟最小的數值，知道最大跟最小的數值之後，就可以知道所有資料的範圍落在哪個區間。

## 實作：用 MAX 與 MIN 函數計算最大值與最小值

chap2.xlsx：chap2-1

求最大值的函數為 MAX、最小值的函數則是 MIN。兩者的引數都跟前面一樣指定相同範圍。計算步驟如下：

步驟 ❶：E7 儲存格輸入「=MAX(B2:B683)」。

步驟 ❷：按下鍵盤的 Enter 鍵。

步驟 ❸：E8 儲存格輸入「=MIN(B2:B683)」。

步驟 ❹：按下鍵盤的 Enter 鍵。

圖 2.6.1 在 Excel 使用 MAX 與 MIN 函數計算最大值與最小值

| | A | B | C | D | E | F | G | H |
|---|---|---|---|---|---|---|---|---|
| 1 | 商品ID | 銷售數量 | | | | | | |
| 2 | ID_CI31 | 22 | | 範例1. 試求銷售數量的平均值、中位數、最大值、最小值 | | | | |
| 3 | ID_CJ19 | 49 | | 平均值 = | 27.7346041 | | | |
| 4 | ID_CJ31 | 19 | | 中位數 = | 27 | | | |
| 5 | ID_CK31 | 14 | | 變異數 = | 95.1232942 | | | |
| 6 | ID_CL07 | 19 | | 標準差 = | 9.75311715 | | | |
| 7 | ID_CL31 | 25 | | 最大值 = ❶ | 61 | — =MAX(B2:B683) ❷ | | |
| 8 | ID_CM07 | 27 | | 最小值 = ❸ | 2 | — =MIN(B2:B683) ❹ | | |
| 9 | ID_CM19 | 51 | | | | | | |

確認過資料當中的最大值與最小值，就可以得知「**在這些資料當中有無特別大、或是特別小的離群值**」。舉例來說，假如剛剛算出來的最大值是 1,000，可能是有某個商品銷量特別好，也可能是在輸入資料時搞錯。這類大幅偏離平均數的離群值處理方法會在第 5 章講解（編註：離群值可能是極大值或極小值，請記得極大值可能有數筆，但是如果資料沒有重複，最大值只會有一筆）。

本書第 3 章會介紹資料視覺化，其中如長條圖、散佈圖都可以更清楚判斷資料當中是否存在離群值。到底要不要特別處理離群值，取決於之後採用的分析手法。比如，本書第 6 章提到的線性迴歸分析，通常分析結果都會受到離群值的影響。因此，本書第 5 章將會提到處理離群值的方法，各位讀者敬請期待（編註：不會受到離群值影響的分析手法像是決策樹模型，關於這類模型的使用方式，可以參考旗標出版的「Kaggle 競賽攻頂秘笈 - 揭開 Grandmaster 的特徵工程心法，掌握制勝的關鍵技術」）。

目前為止已經介紹完敘述統計了，只要好好掌握這幾個敘述統計，就可以快速掌握資料的特徵囉！

# 2.7 一次算出所有基本敘述統計

　　每算一個敘述統計，就要輸入一個函數，實在有一點麻煩。其實 Excel 的「分析工具箱」能夠一次算完剛剛介紹的所有敘述統計，讓我們一樣用練習檔 chap2.xlsx 的 chap2-1 工作表來講解。

## 實作：使用分析工具箱 一次算出所有敘述統計

chap2.xlsx：chap2-1

　　在 chap2-1 工作表中的 D12 儲存格旁可以看到「範例 2. 運用分析工具箱算出銷售數量的基本統計量」，我們在這下方的儲存格使用分析工具箱。操作步驟如下：

步驟 ❶：點選**資料**。

步驟 ❷：點選**資料分析**。

圖 2.7.1 開啟分析工具

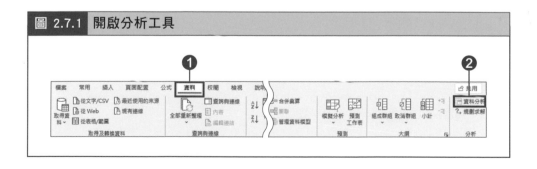

步驟 **③**：在**資料分析**的視窗中會有**分析工具**列表，請點選**敘述統計**。

步驟 **④**：點選**確定**。

圖 2.7.2　選擇敘述統計

步驟 **⑤**：勾選**類別軸標記是在第一列上**。

步驟 **⑥**：在**敘述統計**視窗上的**輸入**區域，點選 ↑。

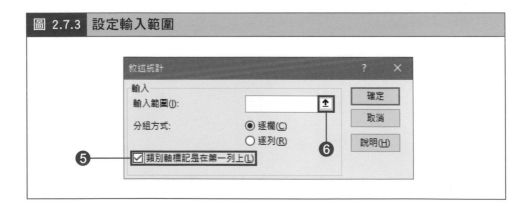

圖 2.7.3　設定輸入範圍

步驟 **7**：點選 B 欄位。

步驟 **8**：點選 圖 。

**圖 2.7.4　選擇輸入資料**

| | A | B | 7 C | D | E | F | G | H |
|---|---|---|---|---|---|---|---|---|
| 1 | 商品ID | 銷售數量 | | | | | | |
| 2 | ID_CI31 | 22 | | 範例1. 試求銷售數量的平均值、中位數、最大值、最小值 | | | | |
| 3 | ID_CJ19 | 49 | | 平均值 = | 27.7346041 | | | |
| 4 | ID_CJ31 | 19 | 敘述統計 | | | ? | × | |
| 5 | ID_CK31 | 14 | $B:$B | | | | | |
| 6 | ID_CL07 | 19 | | 標準差 = | 9.75311715 | | | |
| 7 | ID_CL31 | 25 | | 最大值 = | 61 | | | |
| 8 | ID_CM07 | 27 | | 最小值 = | 2 | | | |
| 9 | ID_CM19 | 51 | | | | | | |

步驟 **9**：在**敘述統計**視窗上的**輸出選項**區域，點選**輸出範圍**。

步驟 **10**：在**輸出範圍**的右側，點選 ⬆ 。

**圖 2.7.5　設定輸出範圍**

步驟 ⑪：點選 D12 儲存格。

步驟 ⑫：點選 ▣。

圖 2.7.6 選擇輸出結果的儲存格

| 3 | ID_CJ19 | 49 | | 平均值 = | 27.7346041 | | |
|---|---|---|---|---|---|---|---|
| 4 | ID_CJ31 | 19 | 敘述統計 | | | ? | × |
| 5 | ID_CK31 | 14 | $D$12 | | | | ▣ |
| 6 | ID_CL07 | 19 | | 標準差 = | 9.75311715 | | |
| 7 | ID_CL31 | 25 | | 最大值 = | 61 | | |
| 8 | ID_CM07 | 27 | | 最小值 = | 2 | | |
| 9 | ID_CM19 | 51 | | | | | |
| 10 | ID_CM43 | 33 | | | | | |
| 11 | ID_CN14 | 14 | | 範例2. 運用分析工具箱算出銷售數量的基本統計量 | | | |
| 12 | ID_CN43 | 25 | | | | | |
| 13 | ID_CO02 | 34 | | | | | |

⑫ ⑪

步驟 ⑬：勾選**摘要統計**。

步驟 ⑭：按下**確定**。

圖 2.7.7 選擇欲輸出的資訊

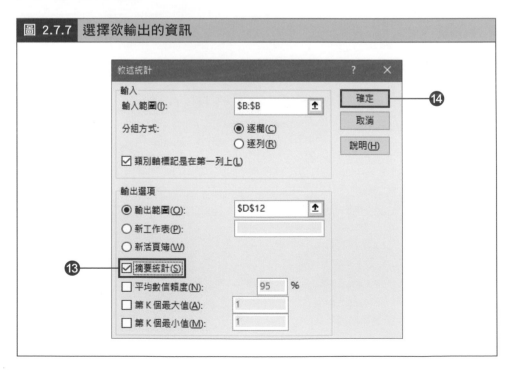

2-20

經過上述的操作之後，基本的敘述統計如平均數、中位數、標準差等數值就會全部算出，而當中還包含了一些如眾數、峰度、偏態等本書沒提及的敘述統計供讀者參考。

**圖 2.7.8　計算結果**

| | A | B | C | D | E | F | G | H |
|---|---|---|---|---|---|---|---|---|
| 4 | ID_CJ31 | 19 | | 中位數 = | 27 | | | |
| 5 | ID_CK31 | 14 | | 變異數 = | 95.1232942 | | | |
| 6 | ID_CL07 | 19 | | 標準差 = | 9.75311715 | | | |
| 7 | ID_CL31 | 25 | | 最大值 = | 61 | | | |
| 8 | ID_CM07 | 27 | | 最小值 = | 2 | | | |
| 9 | ID_CM19 | 51 | | | | | | |
| 10 | ID_CM43 | 33 | | | | | | |
| 11 | ID_CN14 | 14 | | 範例2. 運用分析工具箱算出銷售數量的基本統計量 | | | | |
| 12 | ID_CN43 | 25 | | 銷售數量 | | | | |
| 13 | ID_CO02 | 34 | | | | | | |
| 14 | ID_CO55 | 21 | | 平均數 | 27.7346041 | | | |
| 15 | ID_CP50 | 26 | | 標準誤 | 0.37346616 | | | |
| 16 | ID_CQ43 | 15 | | 中間值 | 27 | | | |
| 17 | ID_DA01 | 18 | | 眾數 | 24 | | | |
| 18 | ID_DA02 | 26 | | 標準差 | 9.75311715 | | | |
| 19 | ID_DA03 | 23 | | 變異數 | 95.1232942 | | | |
| 20 | ID_DA04 | 21 | | 峰度 | -0.00367589 | | | |
| 21 | ID_DA07 | 36 | | 偏態 | 0.28885417 | | | |
| 22 | ID_DA08 | 24 | | 範圍 | 59 | | | |
| 23 | ID_DA10 | 35 | | 最小值 | 2 | | | |
| 24 | ID_DA13 | 18 | | 最大值 | 61 | | | |
| 25 | ID_DA15 | 25 | | 總和 | 18915 | | | |
| 26 | ID_DA16 | 31 | | 個數 | 682 | | | |

運用分析工具箱，就能快速算出常見的敘述統計，也能很快看出資料的特徵。接下來，我們會繼續使用分析工具箱的各種功能。

# 2.8 使用樞紐分析表來觀察更細微的資料特徵

　　這次的超市零售商品資料當中包含了許多「商品類型」（蔬果／餅乾零食／冷凍食品／罐頭），雖然這家超市主要是販售蔬果，所以蔬果的銷量會較多，不過我們還是想看看還有哪些暢銷商品。因此，接下來要使用 Excel 計算出「每種類型有多少品項以及各類型所有品項的平均銷量」。

　　最直接的方法，就是先選某一種「商品類型」，計算有多少商品屬於此類型，然後計算此類型的「平均銷售數量」，最後把每一種「商品類型」都操作一次上述流程。比如，我們針對蔬果類，先看有多少商品屬於蔬果，再看蔬果類商品的「平均銷售數量」，接著換餅乾食品、冷凍食品、…。這麼做當然是可以，但要是「商品類型」太多時，可能就會耗費很多時間。

　　另一個方法，是使用 Excel 的**樞紐分析表**。筆者在進行資料分析時，也常用到樞紐分析表。現在我們用練習檔 chap2.xlsx 當中的 chap2-2 工作表，裡頭有完整「商品 ID」、「商品類型」、「折扣與否」、「銷售數量」的資料，來跟讀者介紹如何操作樞紐分析表。

## 實作：使用樞紐分析表來看不同商品類型的銷售狀況

chap2.xlsx : chap2-2

### 建立樞紐分析表的流程

步驟 **❶**：用滑鼠選取 A 欄到 D 欄。

步驟 **❷**：在上方選單中選擇**插入**。

步驟 **❸**：選擇**樞紐分析表**。

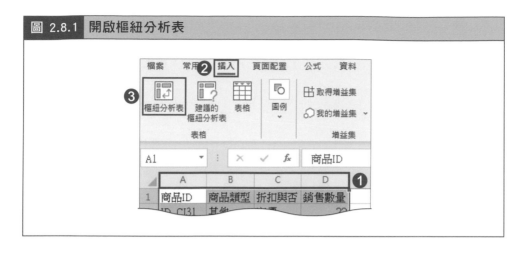

圖 2.8.1　開啟樞紐分析表

步驟 ❹：在**來自表格或範圍的樞紐分析表**視窗的**選取表格或範圍**區域，確認**表格 / 範圍**顯示的是否為 A 欄到 D 欄。若不是，請點選右方的 ⬆ 選取正確的資料。

步驟 ❺：我們要在相同 Excel 當中的 **F3** 儲存格建立樞紐分析表，在**來自表格或範圍的分析表**視窗的**選擇您要放置樞紐分析表的位置**區域，點選**現有工作表**。

步驟 ❻：點選右方的 ⬆。

圖 2.8.2　選擇輸入資料

步驟 ❼：點選 F3 儲存格。

步驟 ❽：點選 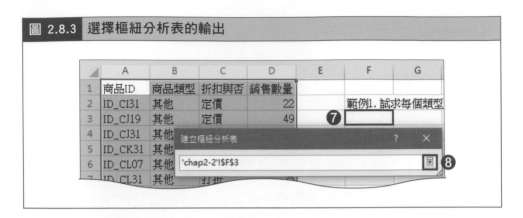。

圖 2.8.3　選擇樞紐分析表的輸出

步驟 ❾：點選**確定**。

**圖 2.8.4　完成樞紐分析表的基本設定**

計算每個「商品類型」中，有多少個項目

步驟 ❶：由於這次要計算的是「商品類型」，因此我們將畫面右邊的**樞紐分析表欄位**的**商品類型**打勾。

步驟 ❷：確認 F3 儲存格有出現**列標籤**、**列標籤**的標題下方出現了商品各
種類別明細、**樞紐分析表欄位**的**列**確實有顯示「商品類型」。

圖 2.8.5　選擇「商品類型」

步驟 ❸：將**樞紐分析表欄位**中的「商品 ID」拖曳到右下角的**值**，確認**值**當
中已顯示「商品 ID」，此時 G 欄就出現了每個「商品類型」的
「計數－商品 ID」。即是每個「商品類型」中，有多少項商品。

圖 2.8.6　將「商品 ID」拖曳至值

圖 2.8.7 計算出每一個「商品類型」中有多少項商品

| | A | B | C | D |
|---|---|---|---|---|
| 1 | 商品ID | 商品類型 | 折扣與否 | 銷售數量 |
| 2 | ID_CI31 | 其他 | 定價 | 22 |
| 3 | ID_CJ19 | 其他 | 定價 | 49 |
| 4 | ID_CJ31 | 其他 | 打折價格 | 19 |
| 5 | ID_CK31 | 其他 | 定價 | 14 |
| 6 | ID_CL07 | 其他 | 定價 | 19 |
| 7 | ID_CL31 | 其他 | 打折 | 25 |
| 8 | ID_CM07 | 其他 | 定價 | 27 |
| 9 | ID_CM19 | 其他 | 打折 | 51 |
| 10 | ID_CM43 | 其他 | 打折 | 33 |
| 11 | ID_CN14 | 其他 | 定價 | 14 |
| 12 | ID_CN43 | 其他 | 打折 | 25 |
| 13 | ID_CO02 | 其他 | 定價 | 34 |
| 14 | ID_CO55 | 其他 | 定價 | 21 |
| 15 | ID_CP50 | 其他 | 定價 | 26 |
| 16 | ID_CQ43 | 其他 | 定價 | 15 |

範例1. 試求每個類型的商品ID數量

| 列標籤 | 計數 - 商品ID |
|---|---|
| 日用品 | 67 |
| 肉類 | 56 |
| 冷凍食品 | 89 |
| 其他 | 15 |
| 海鮮 | 7 |
| 酒類 | 23 |
| 軟性飲料 | 45 |
| 餅乾零食 | 135 |
| 蔬果 | 136 |
| 麵包 | 31 |
| 罐頭 | 72 |
| (空白) | 6 |
| **總計** | **682** |

每一個「商品 ID」代表一個商品，因此某一個「商品類別」的「商品 ID」個數，代表此「商品類別」中有多少項目。比如說蔬果類總共有 136 個商品，餅乾類也很多，有 135 個商品。

另外，(**空白**)有 6 筆，代表 6 個「商品 ID」的「商品類型」的欄位是空白，這稱為「缺失值」，缺失值可能會在後續分析(如迴歸分析)造成阻礙。如何處理缺失值會在本書第 5 章說明，這邊我們就先不理這 6 筆資料。

## 計算每個「商品類型」的「銷售數量平均數」

步驟 ❶：將**樞紐分析表欄位**中的「銷售數量」拖曳放到**值**。如此一來**值**的部分就會顯示「加總-銷售數量」。

圖 2.8.8　求出每個「商品類型」的「銷售數量」

步驟 ❷：接著點擊右側的 ⏷ 。

步驟 ❸：選擇**值欄位設定**。

圖 2.8.9　值欄位設定

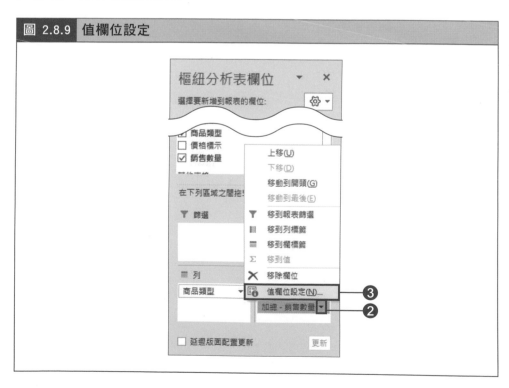

步驟 ④：在值欄位設定對話框中點選平均值。

步驟 ⑤：按下確定。

圖 2.8.10　求平均數

這時我們會看到 H 欄的小標題已經變成了「平均數－銷售數量」，其下方也列出了所有「商品類型」的「銷售數量平均數」。

圖 2.8.11　每個「商品類型」的「銷售數量平均數」

| | A | B | C | D | E | F | G | H |
|---|---|---|---|---|---|---|---|---|
| 1 | 商品ID | 商品類型 | 折扣與否 | 銷售數量 | | | | |
| 2 | ID_CI31 | 其他 | 定價 | 22 | | 範例1. 試求每個類型的商品ID數量與銷售數量平均值 | | |
| 3 | ID_CJ19 | 其他 | 定價 | 49 | | 列標籤　▼ | 計數 - 商品ID | 平均值 - 銷售數量 |
| 4 | ID_CJ31 | 其他 | 打折價格 | 19 | | 日用品 | 67 | 26.23880597 |
| 5 | ID_CK31 | 其他 | 定價 | 14 | | 肉類 | 56 | 27.26785714 |
| 6 | ID_CL07 | 其他 | 定價 | 19 | | 冷凍食品 | 89 | 25.35955056 |
| 7 | ID_CL31 | 其他 | 打折 | 25 | | 其他 | 15 | 26.26666667 |
| 8 | ID_CM07 | 其他 | 定價 | 27 | | 海鮮 | 7 | 23.14285714 |
| 9 | ID_CM19 | 其他 | 打折 | 51 | | 酒類 | 23 | 33.13043478 |
| 10 | ID_CM43 | 其他 | 打折 | 33 | | 軟性飲料 | 45 | 25.77777778 |
| 11 | ID_CN14 | 其他 | 定價 | 14 | | 餅乾零食 | 135 | 30.82962963 |
| 12 | ID_CN43 | 其他 | 打折 | 25 | | 蔬果 | 136 | 28.07352941 |
| 13 | ID_CO02 | 其他 | 定價 | 34 | | 麵包 | 31 | 25.25806452 |
| 14 | ID_CO55 | 其他 | 定價 | 21 | | 罐頭 | 72 | 27.27777778 |
| 15 | ID_CP50 | 其他 | 定價 | 26 | | (空白) | 6 | 28 |
| 16 | ID_CQ43 | 其他 | 定價 | 15 | | 總計 | 682 | 27.73460411 |
| 17 | ID_DA01 | 罐頭 | 一般價格 | 18 | | | | |
| 18 | ID_DA02 | 日用品 | 定價 | 26 | | | | |
| 19 | ID_DA03 | 日用品 | 一般價格 | 23 | | | | |
| 20 | ID_DA04 | 冷凍食品 | 定價 | 21 | | | | |

## 根據「銷售數量平均數」來進行排序

目前資料的顯示方式比較難判讀，因此我們試著將平均數由高到低重新排列。

步驟 **❶**：點擊**列標籤**的 ▾ 。

步驟 **❷**：選擇**更多排序選項**。

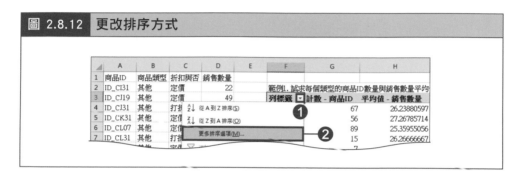

圖 2.8.12 更改排序方式

步驟 **❸**：在**排序**視窗，點選**遞減**。

步驟 **❹**：並按下 ▾ 。

步驟 **❺**：選擇**平均數－銷售數量**。

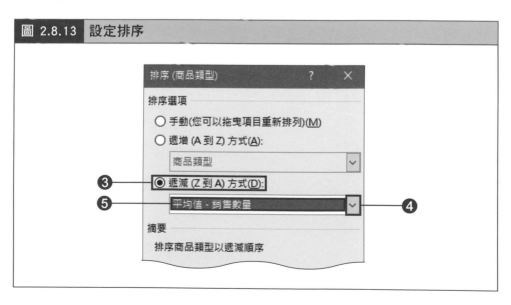

圖 2.8.13 設定排序

步驟 ❻：按下**確定**。這樣就完成了平均數由大到小的排序。

---

**圖 2.8.14** 根據「銷售數量平均數」來進行排序

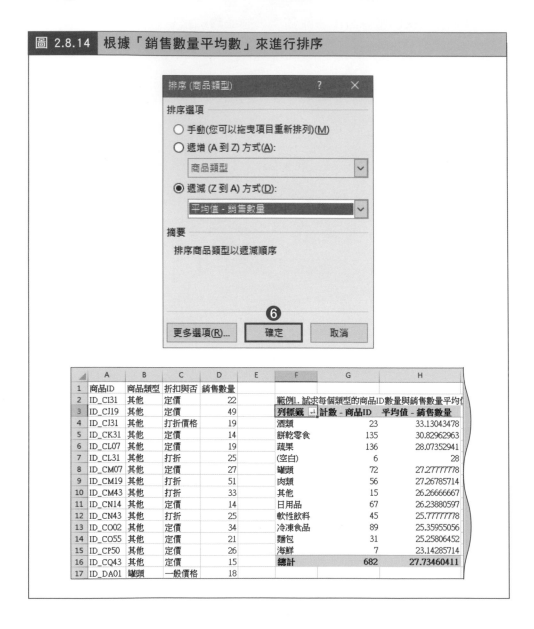

## 解讀分析結果

由此結果我們可以看出，除了主力商品的蔬果銷量很好，酒類跟餅乾零食的銷售狀況也很好。因此我們可以假設「下班後順便買酒、買零食回家的人應該不少」並做進一步分析。像這樣從分析結果當中所衍伸出的新假設，也是資料分析的價值所在。因為目前我們沒有更多的資料，也就無法再做到更多的分析。若是有更多資訊，就可以驗證「是否真的有順便買回家」、「買這些商品的年齡層是否為上班族」等假設。

如果假設驗證是正確的，就能得到新的見解（insight）。接著就可以規劃如「專為上班族準備更多的酒類或零食」、「在下班時間將酒類與零食餅乾擺放在較為顯眼的地方」等有機會提高營業額的策略。

## 搞懂樞紐分析表

相信讀者對「樞紐分析表」有了初步的認識。樞紐分析表的概念如圖2.8.15，樞紐（Pivot）就像是轉軸的意思，將欲分析的變數設定為「主軸」後將資料進行切割，再針對切割後的各個資料進行計算，這就是樞紐分析表的定義。

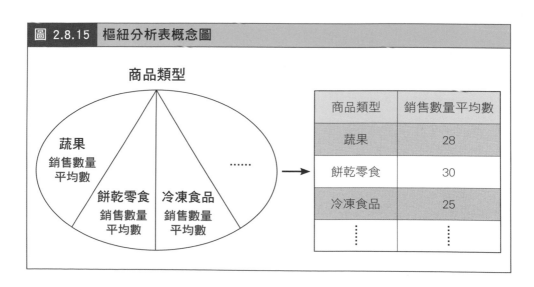

**圖 2.8.15　樞紐分析表概念圖**

商品類型

| 商品類型 | 銷售數量平均數 |
|---|---|
| 蔬果 | 28 |
| 餅乾零食 | 30 |
| 冷凍食品 | 25 |
| ⋮ | ⋮ |

蔬果 銷售數量 平均數　餅乾零食 銷售數量 平均數　冷凍食品 銷售數量 平均數

以剛剛的分析舉例來說，就是以「商品類型」為主軸，將資料進行切割，接著再針對「計數每個商品類型的商品 ID 數量」、「計算每個商品類型的銷售數量平均數」得出結果。

樞紐分析表也可以計算本書介紹的敘述統計。因此，紮實學會敘述統計，就能將樞紐分析表的功能發揮到最大。提醒讀者，樞紐分析表中的「主軸」必須是類別變數。如果「主軸」設定成數值變數（像是銷售數量），樞紐分析表就會依照變數不同數值來切割，可能會得不到什麼成果。

最後，整理一下樞紐分析表的操作步驟：

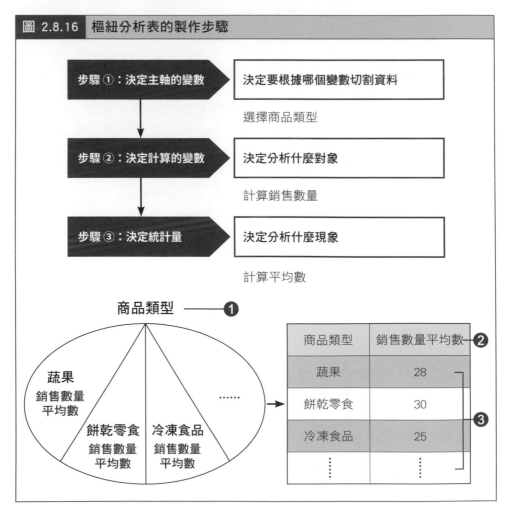

圖 2.8.16　樞紐分析表的製作步驟

# 實作：運用樞紐分析表
# 檢查標註不一致的情況

chap2.xlsx：chap2-2

　　筆者跟讀者分享一個樞紐分析表的優點：確認有無「標註不一致」的情況。

　　練習檔 chap2.xlsx 中的 chap2-2 工作表中，K 欄已經填入「範例 2. 試求每種折扣與否的商品 ID 數量跟銷售數量平均數」來實際演練吧。我們要來針對「折扣與否」（該商品為定價販售還是打折販售）來計算究竟有幾種「商品 ID」。

步驟 ❶：我們參考圖 2.8.1 到圖 2.8.4 的流程插入樞紐分析表，並在**樞紐分析表欄位**中將「折扣與否」拖曳到**列**的位置。如此一來就能在 K3 儲存格看見**列標籤**，其下自動顯示「折扣與否」的明細。

| 圖 2.8.17 | 將「折扣與否」插入樞紐分析表中的列標籤 |

步驟 ❷：接著在**樞紐分析表欄位**將「商品 ID」拖曳到**值**的位置，這時候畫面上會顯示「計數 – 商品 ID」。

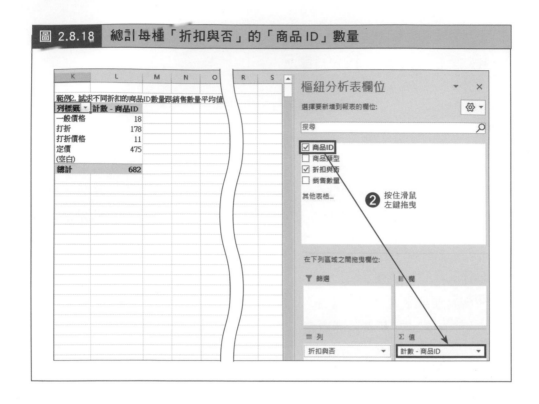

圖 2.8.18 總計每種「折扣與否」的「商品 ID」數量

圖中可以看出每種「折扣與否」的「商品 ID」數量。仔細一看，有 18 個「一般價格」以及 11 個「打折價格」，但是大部分的資料都歸在「定價」或「打折」當中。事實上，在這份資料當中「定價」就是「一般價格」、而「打折」也就等同於「打折價格」。這種本質上是相同的東西，卻使用的不同方式標記，就是「標註不一致」。

會發生這種情況的原因很多種，可能是「因為沒有統一標示規則，所以不同的人就使用了不同的標示方式」、也可能是「因為過去跟現在的系統處理方式不同，因此資料當中所記載的內容也改變了」。正常來說，應該要制定資料填寫的方法，來避免出現這樣的情況，才能讓資料漸漸成為便於應用的資料庫。不過大多時候其實很難在一開始就找出最佳的方法來標註資料。有鑑於此，就只能留待分析之時，進行一些適當的轉換跟處理。

這種針對標註不一致的情況進行調整，其詳細操作方法會在本書第 5 章講解。

標註不一致會有什麼問題嗎？

就會導致明明應該被放在一起計算的資料，卻被歸類在不同的項目分類。

原來如此，確實這樣會導致我們算不出來想要看到的結果呢。

這裡展現樞紐分析表也能夠用來檢查有無標註不一致的情況。因此，資料分析時根據不同變數都進行分類，其實有好無壞。

---

★ 小技巧　向資料管理人員確認是否發生標註不一致

這次的資料很顯然地是標註不一致，但並非任何資料都能容易判斷「不一致」的情形。當無法輕鬆判斷有無標註不一致時，建議向提供資料的單位、或者管理資料的人員確認。要是我們擅自認為那是標註不一致、但事實並非如此的話，反而會分析錯誤。遇到不確定的事情時，向該資料的相關人員確認、以及將確認後的結果共享給同為分析團隊的成員，都是非常重要的環節。

# MEMO

Chapter 3

使用資料視覺化
了解營運趨勢

# 3.1 為什麼要做資料視覺化？

學會敘述統計後，覺得只看數字似乎還是無法瞭解資料…

沒錯，只用敘述統計做資料分析還不夠，而是要做到「看見資料特性」。這稱為「視覺化」。

「視覺化」意思是要能夠看得見資料嗎？

視覺化的目標是運用圖表讓我們可以用看的就能理解資料。

如果是圖表的話我就比較有概念了。

圖表只是個統稱，其中包含了許多不同的呈現方式。接下來就要來介紹像是長條圖、直條圖、散佈圖這些常用的視覺化方法。

| | 小編補充 | Excel 對圖表的命名可能略有不同，請讀者多加注意 |

| 英文 | Excel 命名 | 其他文獻常見名稱 |
|---|---|---|
| Histogram | 長條圖 | 直方圖 |
| Bar chart | 直條圖 | 長條圖 |

本書為了讓讀者操作的過程中，可以跟書中的圖片一致，因此會使用「Excel 命名」。

## 資料視覺化之後可以知道的事

雖然有了平均數跟標準差等敘述統計，不過要掌握資料的特性、走勢，還需要了解資料視覺化。這在資料分析領域也是屬於基本的技術（圖 3.1.1）。

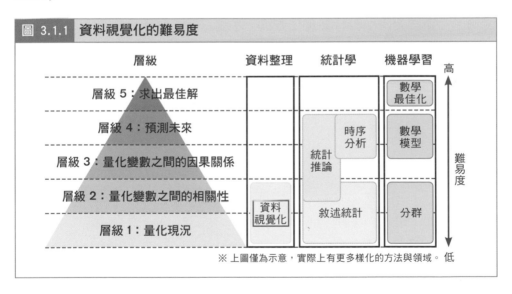

圖 3.1.1 資料視覺化的難易度

※ 上圖僅為示意，實際上有更多樣化的方法與領域。

所謂資料視覺化，就是透過圖表等方式呈現資料，以達到用視覺即可檢視、掌握資料。以圖 3.1.2 為例，這是使用散佈圖（Scatter Plot）來視覺化資料，這種方式是將資料呈現在水平（x）軸跟垂直（y）軸所構築的二維空間上。圖 3.1.2 的 2 張散佈圖，明顯呈現這 2 組資料的走勢不同。

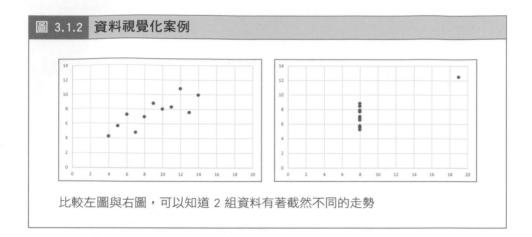

圖 3.1.2　資料視覺化案例

比較左圖與右圖，可以知道 2 組資料有著截然不同的走勢

　　其實這 2 張圖在 x 軸方向的平均數都是 9、變異數都是 11；y 軸方向的平均數都是 7.5、變異數都是 4.12，這是統計學家弗朗西斯 · 安斯庫姆（Francis Anscombe）發現的數列，又稱為「安斯庫姆四重奏（Anscombe's quartet）」。從這個範例可以知道：**想要了解資料，絕對不是求出敘述統計就夠了，還需要搭配資料視覺化方法，才能正確掌握特徵、走勢。**

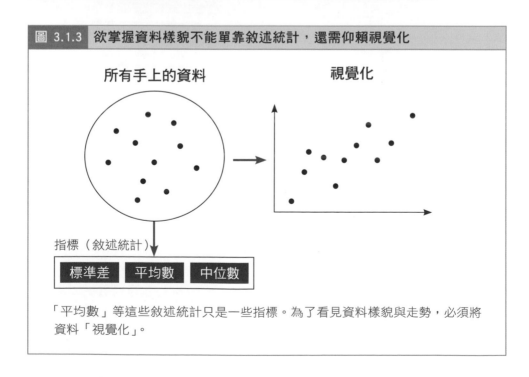

圖 3.1.3　欲掌握資料樣貌不能單靠敘述統計，還需仰賴視覺化

所有手上的資料　　　　　　視覺化

指標（敘述統計）

標準差　平均數　中位數

「平均數」等這些敘述統計只是一些指標。為了看見資料樣貌與走勢，必須將資料「視覺化」。

　　本章會介紹 5 個常用的資料視覺化方法，分別為「長條圖（圖 3.1.4）」、「直條圖（圖 3.1.5）」、「熱力圖（圖 3.1.6）」、「散佈圖（圖 3.1.7）」、「相關矩陣（圖 3.1.8）」。這些都是筆者身處的資料科學團隊實務上常用的視覺化方法，隨著講解的過程中讀者也可以想想「這些方法是不是也能在自己的工作中派上用場呢」？

### 圖 3.1.4 　長條圖

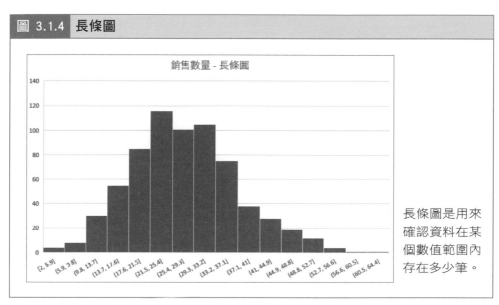

長條圖是用來確認資料在某個數值範圍內存在多少筆。

### 圖 3.1.5 　直條圖

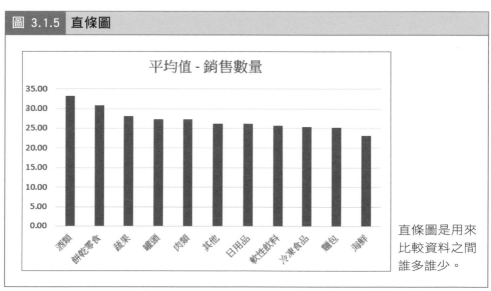

直條圖是用來比較資料之間誰多誰少。

圖 3.1.6　熱力圖

| | 打折 | 定價 |
|---|---|---|
| 酒類 | 33.000 | 32.125 |
| 餅乾零食 | 33.600 | 29.646 |
| 其他 | 33.500 | 24.100 |
| 軟性飲料 | 30.462 | 23.966 |
| 麵包 | 31.143 | 23.409 |
| 罐頭 | 30.714 | 26.021 |
| 海鮮 | 31.000 | 17.250 |
| 蔬果 | 30.457 | 27.400 |
| 肉類 | 29.882 | 26.556 |
| 日用品 | 32.133 | 24.500 |
| 冷凍食品 | 25.000 | 25.364 |

熱力圖是用表格搭配顏色變化來呈現3個變數的資料。

圖 3.1.7　散佈圖

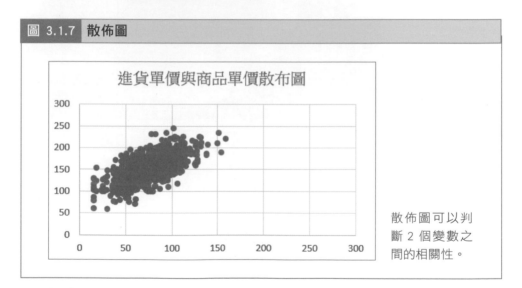

進貨單價與商品單價散布圖

散佈圖可以判斷 2 個變數之間的相關性。

圖 3.1.8　相關矩陣

| 範例1. 製作佔有率、進貨單價、商品單價、銷售數量的相關矩陣 | | | | | |
|---|---|---|---|---|---|
| | 重量 | 佔有率 | 進貨單價 | 商品單價 | 銷售數量 |
| 重量 | 1 | | | | |
| 佔有率 | -0.0026929 | 1 | | | |
| 進貨單價 | -0.0329795 | 0.01685239 | 1 | | |
| 商品單價 | -0.0486679 | -0.0086283 | 0.9684325 | 1 | |
| 銷售數量 | -0.0086358 | 0.52907231 | 0.0017587 | -0.048185 | 1 |

相關矩陣能夠一次比較許多變數之間的相關性。

# 3.2 製作長條圖

　　長條圖是資料視覺化當中很常用的方法，因為長條圖可以用來看資料的分佈，也就是可以看出**資料在某個數值範圍當中存在多少筆**。比如：製作長條圖來看「商品單價」或「銷售數量」是呈現什麼分佈。

## ▌實作：製作銷售數量的長條圖　　　chap3.xlsx：chap3-2

步驟 **❶**：開啟 chap3.xlsx 的 chap3-2 工作表，選取要用長條圖呈現資料的 C2 到 C683 儲存格（如何快速選取某個範圍的資料，可以參考本書第 3-11 頁的小技巧）。

圖 3.2.1　選取資料

| | A | B | C | D | E |
|---|---|---|---|---|---|
| 1 | 商品ID | 商品單價 | 銷售數量 | | |
| 2 | ID_CI31 | 120 | 22 | | |
| 3 | ID_CJ19 | 1520 | 49 | | |
| 4 | ID_CJ31 | 208 | 19 | | |
| 5 | ID_CK31 | 142 | 14 | | |
| 6 | ID_CL07 | 127 | 19 | | |
| 7 | ID_CL31 | 157 | 25 | | |
| 681 | ID_R | 130 | 16 | | |
| 682 | ID_RZ11 | 167 | 16 | | |
| 683 | ID_RZ24 | 160 | 19 | | |

步驟 **2**：點選**插入**。

步驟 **3**：點選**插入統計資料圖表**。

步驟 **4**：選擇**長條圖**。

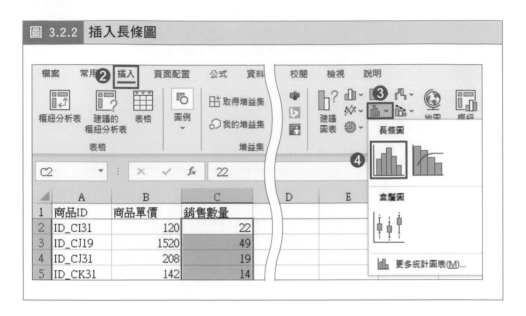

圖 3.2.2 插入長條圖

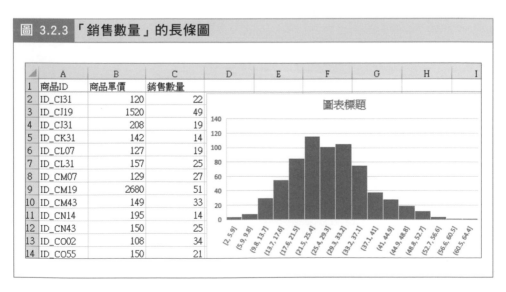

圖 3.2.3 「銷售數量」的長條圖

　　依照上述步驟做出來的長條圖，確實呈現了某個範圍中的資料有多少筆，水平（x）軸上出現一連串 [2, 5.9]、[5.9, 9.8]、[9.8, 13.7]、[60.5, 64.4] [註1]，這些數字代表著「銷售數量」的範圍。比如，[2, 5.9] 表示「銷售數量」落在 2 個到 5.9 個的範圍，對應的垂直（y）軸高度則是這個範圍有多少筆資料。將滑鼠游標移到在各個長條上，就會顯示如「**值:4**」的內容，代表該範圍的資料總共有多少筆。

---

**▶ 小編補充**　Excel 自動產生的圖表，可能不會自動抓到正確的圖表標題，也可能沒有呈現座標軸標題。讀者若要修改圖表標題，可以直接在長條圖上的圖表標題連續點 2 下滑鼠左鍵，即可更新標題。想要產生座標軸標題，可以用以下步驟。

步驟 **❶**：點選圖表設計。

步驟 **❷**：點選新增圖表項目。

步驟 **❸**：點選座標軸標題。

步驟 **❹**：點選主水平。

步驟 **❺**：在長條圖上產生的座標軸標題連續點 2 下滑鼠左鍵，即可更新座標軸名稱。

步驟 **❻**：重複上述步驟，在步驟 **❹** 的時候改選主垂直。

後續各章節的說明，為了讓書中操作流程跟讀者一致，就不再特別處理圖表標題以及座標軸標題。

---

註1　水平（x）軸的 [ ] 括號中數值代表每一個長條的範圍。

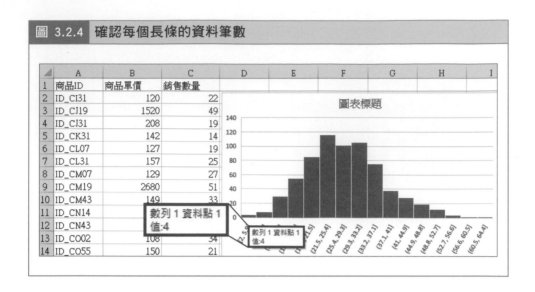

圖 3.2.4　確認每個長條的資料筆數

| | A | B | C |
|---|---|---|---|
| 1 | 商品ID | 商品單價 | 銷售數量 |
| 2 | ID_CI31 | 120 | 22 |
| 3 | ID_CJ19 | 1520 | 49 |
| 4 | ID_CJ31 | 208 | 19 |
| 5 | ID_CK31 | 142 | 14 |
| 6 | ID_CL07 | 127 | 19 |
| 7 | ID_CL31 | 157 | 25 |
| 8 | ID_CM07 | 129 | 27 |
| 9 | ID_CM19 | 2680 | 51 |
| 10 | ID_CM43 | 149 | 33 |
| 11 | ID_CN14 | | |
| 12 | ID_CN43 | | |
| 13 | ID_CO02 | 108 | 34 |
| 14 | ID_CO55 | 150 | 21 |

數列 1 資料點 1 值:4

## 長條圖告訴我們的事

從圖中我們可以看出,「銷售數量」的中心點大約落在 [25.4,29.3] 這個範圍(編註:讀者可以練習用 Excel 計算平均數,答案約為 27.7,也是落在這個區間),大致呈現左右對稱的分佈形狀。這種**左右對稱、形狀類似吊鐘的分佈稱為「常態分佈」**。於是,我們可以說「銷售數量」的分佈近似於常態分佈。

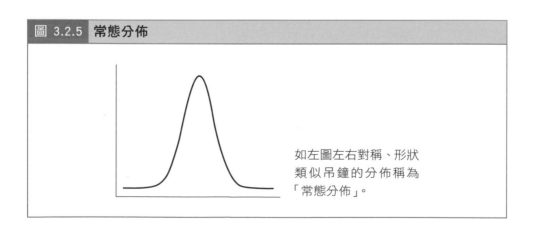

圖 3.2.5　常態分佈

如左圖左右對稱、形狀類似吊鐘的分佈稱為「常態分佈」。

接著，從圖 3.2.3 中最左邊的長條，其範圍是 [2，5.9]。因此可以得知資料當中不存在比 2 還小的數值，因此確認這組「銷售數量」的資料都是正值，沒有低於 0 的異常值。反之，**如果有長條的範圍是負值，就代表有異常值，此時得要釐清發生此問題的原因。**

最後，從長條圖可以發現滿多商品，其銷售量落在 20～30 個，而且並沒有哪個商品特別大賣。因此可以推論這間超市並不仰賴特定商品維持營收，而是大多數商品（雖然有些賣得多、有些賣得少）的銷售成績都相當平均。

---

**★小技巧　一次選擇多筆資料的方法**

當我們要一次選擇好幾百筆的資料時，運用快捷鍵會方便很多。比如要選取 C2 到 C683 的資料時，可以如下操作。

步驟 ❶：先點擊 C2 儲存格。

步驟 ❷：然後按住 `ctrl` 鍵不放。

步驟 ❸：再按下 `shift` 鍵。

步驟 ❹：按下 `⬇` 鍵。

`shift` 鍵具有擴充選取範圍的功能，而 `ctrl` 鍵跟 `←↓↑→` 方向鍵同時按下時則可以一口氣跳至當前資料的末端。兩個按鍵同時使用，就能夠一次選取我們要的資料。不過，要是中途有空格的話，那這麼做只會選到空格上方的那個儲存格而已喔。

圖 3.2.6　一次選擇多筆資料的方法

| ▲ | A | B | C |
|---|---|---|---|
| 1 | 商品ID | 商品單價 | 銷售數量 |
| 2 | ID_CI31 | 120 | 22 |
| 3 | ID_CJ19 | 1520 | 49 |
| 4 | ID_CJ31 | 208 | 19 |
| 5 | ID_CK31 | 142 | 14 |
| 6 | ID_CL07 | 127 | 19 |
| 7 | ID_CL31 | 157 | 25 |
| 8 | ID_CM07 | 129 | 27 |
| 9 | ID_CM19 | 2680 | 51 |
| 10 | ID_CM43 | 149 | 33 |

| ▲ | A | B | C |
|---|---|---|---|
| 1 | 商品ID | 商品單價 | 銷售數量 |
| 674 | ID_RM48 | 137 | 14 |
| 675 | ID_RM59 | 171 | 30 |
| 676 | ID_RN36 | 134 | 27 |
| 677 | ID_RN47 | 190 | 25 |
| 678 | ID_RN59 | 112 | 34 |
| 679 | ID_RP35 | 150 | 34 |
| 680 | ID_RQ35 | 110 | 55 |
| 681 | ID_RY23 | 130 | 18 |
| 682 | ID_RZ11 | 167 | 16 |

選定第一個儲存格，按著 ctrl 鍵不放的同時、再按下 shift 鍵跟 ↓ 鍵。

如此一來就能一次選取到最末筆資料。

# 實作：處理有離群值的長條圖

chap3.xlsx：chap3-2

　　圖 3.2.7 是我們製作「商品單價」（B2 到 B683 儲存格）的長條圖，發現結果不是常態分佈，水平（x）軸的右側有著相當大片的空白，這是因為「商品單價」的資料中存在著少數的離群值，這些離群值無論在表格中或是長條圖中，都因為筆數不多所以難以呈現（因為不是 0，所以項目會出現在圖中，但長條幾乎不會顯示出來）。

圖 3.2.7　存在離群值的長條圖

雖然圖上難以辨識，但右邊確實也有資料。

### 確認離群值

**當長條圖的樣貌如此極端時，可能資料當中含有離群值。**雖然可以運用上一章當中學到的 MIN 函數與 MAX 函數找到最小值、最大值是多少，但還是不知道這些離群值是位在哪一筆資料（編註：MIN 跟 MAX 只能知道最小值跟最大值的數值是多少，但是不知道該資料在哪一個儲存格），所以只能直接看資料來找離群值。我們將「商品單價」由大到小重新排序，藉此觀察離群值。

步驟 ❶：點選 B1 儲存格。

步驟 ❷：點選**資料**。

步驟 ❸：點選**篩選**。

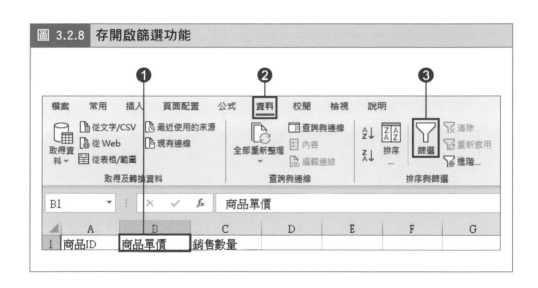

圖 3.2.8 存開啟篩選功能

步驟 ❹：按下 B1 儲存格右邊出現的 ⊡。

步驟 ❺：選擇**從最大到最小排序**。

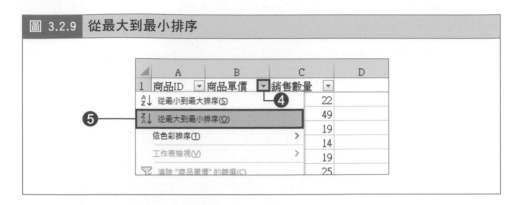

圖 3.2.9 從最大到最小排序

根據「商品單價」的排序資料，可以看到「ID_CM19」是 2680 元、「ID_CJ19」則是 1520 元，與其他商品的價格相比是大上許多的數字。

圖 3.2.10 確認離群值

| | A | B | C | D |
|---|---|---|---|---|
| 1 | 商品ID | 商品單價 | 銷售數量 | |
| 2 | ID_CM19 | 2680 | 51 | |
| 3 | ID_CJ19 | 1520 | 49 | |
| 4 | ID_DR25 | 245 | 5 | |
| 5 | ID_DK51 | 234 | 11 | |
| 6 | ID_DY45 | 234 | 13 | |
| 7 | ID_DQ11 | 231 | 11 | |
| 8 | ID_DR59 | 231 | 12 | |

離群值有時會影響我們的分析，比如本書第 2 章有提到，平均數會受到離群值的影響；本書第 6 章也會提到，離群值會使線性迴歸模型無法推導出正確的解答。因此可以考慮排除離群值（編註：但也有離群值不能排除的狀況，比如分析國民收入分佈時，富人的收入很像離群值，但排除之後反而無法反映現況）。

### 在排除離群值後製作長條圖

我們試著排除這 2 筆離群值（這 2 筆位在排序後工作表的 B2 跟 B3 儲存格），再來製作一次長條圖。我們可以只選取 B4 到 B683 範圍的資料來製作長條圖，可以得到如圖 3.2.11 的結果。可以發現排除掉離群值後，「商品單價」的分佈，也是呈現左右對稱的常態分佈。

不過長條圖左邊仍然有幾筆屬於 [0, 13] 的數值，我們可以看 B 欄的最後幾筆（B681 到 B683 儲存格），確實有 3 筆資料的「商品單價」是 0 元。這有點問題，因為商品不太可能是 0 元，有可能是輸入資料時打錯。像這樣的資料也可能要排除掉，以免對後續的分析造成影響。

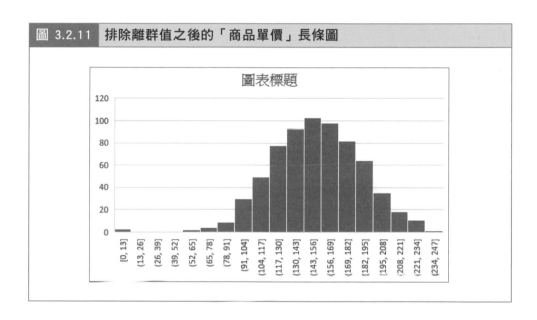

**圖 3.2.11** 排除離群值之後的「商品單價」長條圖

## 長條圖與敘述統計的關聯

我們以「商品單價」跟「銷售數量」為例，說明如何使用 Excel 建立長條圖，並且可以從長條圖中判斷資料的特性，比如是否有離群值。正因為長條圖可以直觀地看出資料的分佈，所以可以提供比敘述統計更多的資

訊。接下來，我們要來看看長條圖跟敘述統計之間的關係。首先，圖 3.2.12 是長條圖中可以觀察的幾個重點。

---

**圖 3.2.12　長條圖的幾個重點**

- 圖中有幾座山峰？

- 有無離群值？

- 資料的「中心」大致位於何處？

- 資料的「分散」程度有多大？

---

　　長條圖裡的「中心」跟「分散」，與敘述統計的「平均數」、「中位數」、「變異數」、「標準差」，其實有密切關係。**長條圖的中心位置會呼應平均數及中位數，而長條圖的分散程度會呼應變異數跟標準差。**希望讀者可以記住圖 3.2.13 中，長條圖跟敘述統計的關係。

---

**圖 3.2.13　長條圖與敘述統計的關係**

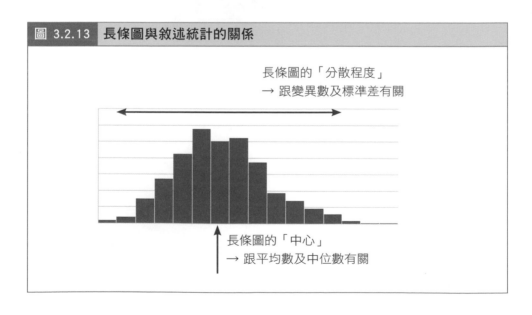

長條圖的「分散程度」
→ 跟變異數及標準差有關

長條圖的「中心」
→ 跟平均數及中位數有關

---

山峰的數量跟敘述統計也有關：當長條圖中有兩個山峰時，硬要計算平均數跟中位數，很有可能算出來的數值會落在兩座山峰之間，而這樣的數值也就難以適當地表現資料應有的性質。所以，當分佈並非呈現常態分佈時，就更要審慎使用敘述統計。比如，圖 3.2.14 右邊的長條圖中有著 2 座山峰，代表資料有 2 個性質不同的群集，像是年輕族群的消費力跟年長族群的消費力是截然不同。當我們用 2 座山峰的分界點對資料進行切割，再去觀察資料裡的其他性質、變數，就有機會找到造成資料性質不同的原因。只要能找出原因，就有機會分析、處理個別群集。

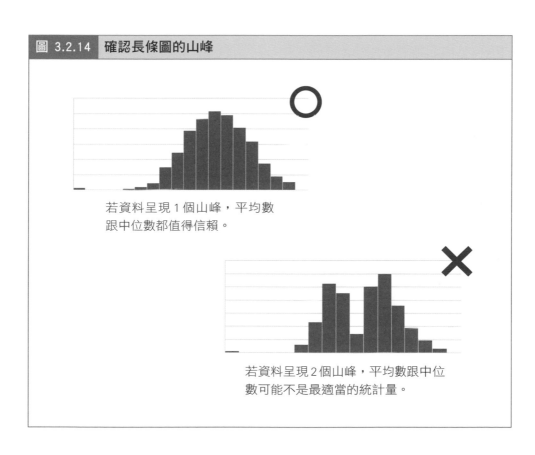

**圖 3.2.14　確認長條圖的山峰**

若資料呈現 1 個山峰，平均數跟中位數都值得信賴。

若資料呈現 2 個山峰，平均數跟中位數可能不是最適當的統計量。

Chapter 3 使用資料視覺化了解營運趨勢

# 3.3 製作直條圖

直條圖基本上是用來比較變數之間的大小，以圖 3.3.1 為例，水平（x）軸是類別變數的種類，垂直（y）軸是數值變數的數量或數值。所以，直條圖可以同時表現一個類別變數跟一個數值變數（編註：本書 3.2 節提到的長條圖，一次只能呈現一個變數，比如用長條圖畫出銷售數量的分佈）。垂直（y）軸呈現的數量是比較的關鍵，所以特別需要注意垂直（y）軸的定義、單位是什麼。

| 圖 3.3.1 | 直條圖用於比較變數之間的大小 |

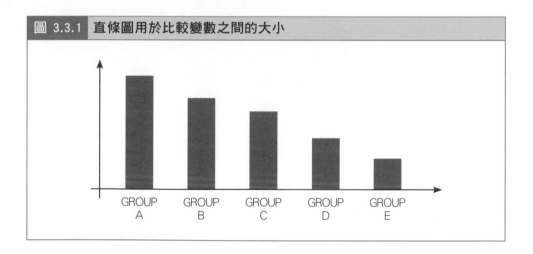

重點提醒

● 要釐清直條圖的長度是代表資料筆數、還是其他數值。

# ▌各司其職的直條圖與折線圖

　　正式介紹直條圖之前，我們要先知道折線圖跟直條圖的差異。折線圖是用來呈現隨時間變化趨勢，以圖 3.3.2 的股價波動為例，這是 7 天前、6 天前、5 天前、1 天前的股價走勢，都是屬於相同變數的一連串資料，這種股價隨時間的變化就很適合用折線圖來表現。如果我們的資料是許多獨立的群體時，則要選擇「直條圖」。例如要比較商品 A、B、C 銷售數量時，因為商品間各自獨立，就該選擇直條圖。務必記得直條圖所呈現的主要是用來比較變數之間的情況，而非要去從中看出隨時間變化趨勢。

| 圖 3.3.2 | 折線圖是用來呈現隨時間變化趨勢 |

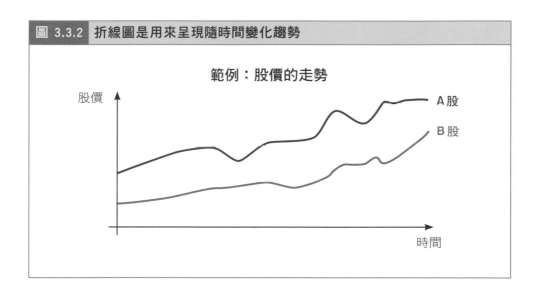

**重點提醒**

● 想看走勢跟變化，選用折線圖。

● 折線圖的垂直軸可以呈現隨時間變化的連續數值。

# ▌實作：每個類型的銷售數量直條圖 chap3.xlsx：chap3-3

chap3-3 工作表內已經放上本書第 2 章「商品類型」的「平均銷售數量」樞紐分析表。現在就用這些資料來製作直條圖。

步驟 **❶**：圈選 E3 到 F14 儲存格。

---

**圖 3.3.3 選擇資料範圍**

| | A | B | C | D | E | F | G |
|---|---|---|---|---|---|---|---|
| 1 | 商品ID | 商品類型 | 銷售數量 | | | | |
| 2 | ID_CI31 | 其他 | 22 | | 範例1. 試求每個商品類型的商品ID數量跟銷售數量平均值 | | |
| 3 | ID_CJ19 | 其他 | 49 | | 商品類型 | 平均值 - 銷售數量 | |
| 4 | ID_CJ31 | 其他 | 19 | | 酒類 | 33.13 | |
| 5 | ID_CK31 | 其他 | 14 | | 餅乾零食 | 30.83 | |
| 6 | ID_CL07 | 其他 | 19 | | 其他 | 26.27 | |
| 7 | ID_CL31 | 其他 | 25 | | 軟性飲料 | 25.78 | |
| 8 | ID_CM07 | 其他 | 27 | | 麵包 | 25.26 | |
| 9 | ID_CM19 | 其他 | 51 | | 罐頭 | 27.28 | ❶ |
| 10 | ID_CM43 | 其他 | 33 | | 海鮮 | 23.14 | |
| 11 | ID_CN14 | 其他 | 14 | | 蔬果 | 28.07 | |
| 12 | ID_CN43 | 其他 | 25 | | 肉類 | 27.27 | |
| 13 | ID_CO02 | 其他 | 34 | | 日用品 | 26.24 | |
| 14 | ID_CO55 | 其他 | 21 | | 冷凍食品 | 25.36 | |
| 15 | ID_CP50 | 其他 | 26 | | | | |

---

步驟 **❷**：點擊**插入**。

步驟 **❸**：選擇**插入直條圖或橫條圖**。

步驟 **❹**：選擇**平面直條圖**。

**圖 3.3.4 選擇圖表種類**

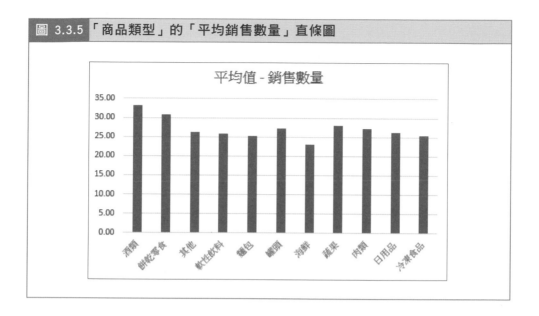

圖 3.3.5 「商品類型」的「平均銷售數量」直條圖

# ▌實作：讓直條由大到小排序

chap3.xlsx : chap3-3

　　我們使用直條圖的重點在於觀察直條的長度，而將直條排序後，可以讓圖表更好懂。請開啟 chap3.xlsx 的 chap3-3 工作表，比照第 3-13 頁的方法，在 F3 儲存格啟用篩選功能後，從大到小排列資料。接著比照圖 3.3.3 跟圖 3.3.4 製作直條圖，就能做出由大到小整齊排列的「商品類型」的「平均銷售數量」直條圖。

圖 3.3.6 由大到小整齊排列的「商品類型」的「平均銷售數量」

| | A | B | C | D | E | F | G |
|---|---|---|---|---|---|---|---|
| 1 | 商品ID | 商品類型 | 銷售數量 | | | | |
| 2 | ID_CI31 | 其他 | 22 | | 範例1. 試求每個商品類型的商品ID數量跟銷售數量平均值 | | |
| 3 | ID_CJ19 | 其他 | 49 | | 商品類型 | 平均值 - 銷售數 | |
| 4 | ID_CJ31 | 其他 | 19 | | 酒類 | 33.13 | |
| 5 | ID_CK31 | 其他 | 14 | | 餅乾零食 | 30.83 | |
| 6 | ID_CL07 | 其他 | 19 | | 蔬果 | 28.07 | |
| 7 | ID_CL31 | 其他 | 25 | | 罐頭 | 27.28 | |
| 8 | ID_CM07 | 其他 | 27 | | 肉類 | 27.27 | |
| 9 | ID_CM19 | 其他 | 51 | | 其他 | 26.27 | |
| 10 | ID_CM43 | 其他 | 33 | | 日用品 | 26.24 | |
| 11 | ID_CN14 | 其他 | 14 | | 軟性飲料 | 25.78 | |

圖 3.3.7　由大到小整齊排列的「商品類型」的「平均銷售數量」直條圖

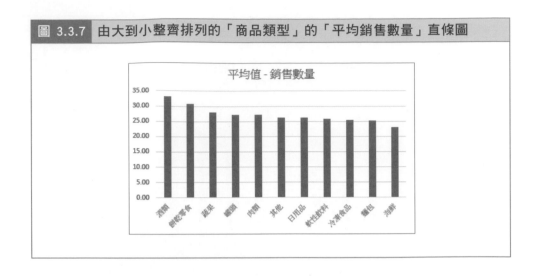

## ▎製作直條圖的注意事項

　　圖 3.3.8 中的 2 個直條圖雖然給人的觀感不同，實際上卻是同樣的資料所製成的直條圖。差異在於左圖的垂直（y）軸從 0 開始，但右圖的垂直（y）軸卻是 22 開始。像右圖這樣垂直（y）軸從中間開始呈現，就算是資料原本只有些微的差異，最後看起來也會讓人覺得落差很大。所以在製作圖表、檢視圖表的時候，都要特別注意垂直（y）軸的數值是從哪裡開始，原則上是要從 0 開始。

圖 3.3.8　注意直條圖垂直（y）軸的數值是從哪裡開始

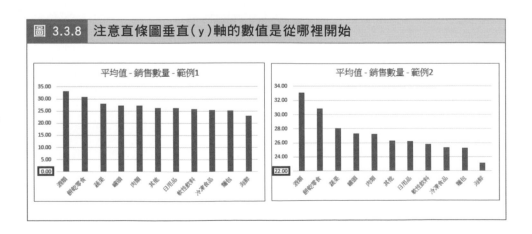

# 3.4 製作熱力圖

　　熱力圖是用顏色深淺來表現資料的圖表。在開始講解如何繪製熱力圖之前，我們先思考一下為什麼不用直條圖。直條圖主要會用來表現「一個類別變數跟一個數值變數」，若我們想要探討「兩個類別變數跟一個數值變數」時，也許會使用如圖 3.4.1 的 3D 立體直條圖。可是，原則上要避免使用立體直條圖，因為圖中後方的直條看起來會比原本的小，而前方的數值則感覺比原來還要大，這可能會造成誤判，因此基本上都以平面直條圖來呈現為佳。

圖 3.4.1　立體直條圖

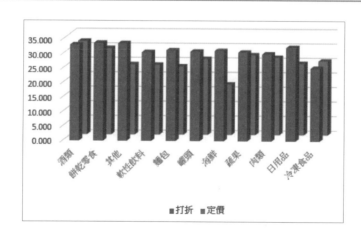

編註　第一個類別變數是「商品類型」，第二個類別變數是「折扣與否」，數值變數則為「平均銷售數量」。

解決這個問題的方法之一是使用熱力圖，它的概念就是在矩陣當中，將兩個類別變數分別放置於矩陣的欄跟列，接著將矩陣的內容填入數值變數。最後，我們依照數值變數的數字大小，加上深淺不同的顏色，幫助我們一眼就看出哪裡大、哪些小。

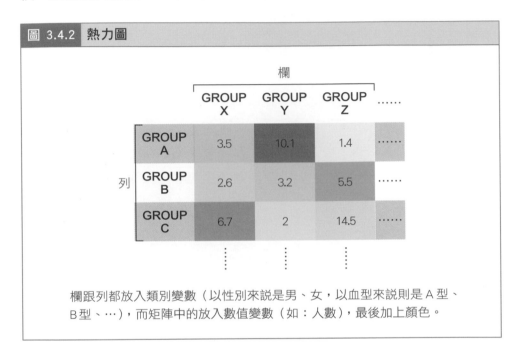

圖 3.4.2 熱力圖

欄跟列都放入類別變數（以性別來說是男、女，以血型來說則是 A 型、B 型、…），而矩陣中的放入數值變數（如：人數），最後加上顏色。

並非只有直條圖，所有的圖形都請避免用 3D 立體方式來呈現。

## 實作：製作商品類別在不同價格策略下的「平均銷售數量」熱力圖

chap3.xlsx：chap3-4

請開啟 chap3.xlsx 的 chap3-4 工作表，此工作表的 G22 到 H32 中已放入不同「商品類別」在不同價格策略下的「平均銷售數量」，我們要將這個表做成熱力圖。

步驟 **①**：選取 G22 到 H32 的資料內容。

步驟 **②**：選擇**常用**。

步驟 **③**：選擇**條件式格式設定**。

步驟 **④**：選擇**色階**，並從中挑選喜歡的顏色（筆者使用**紅 − 白色階**）。

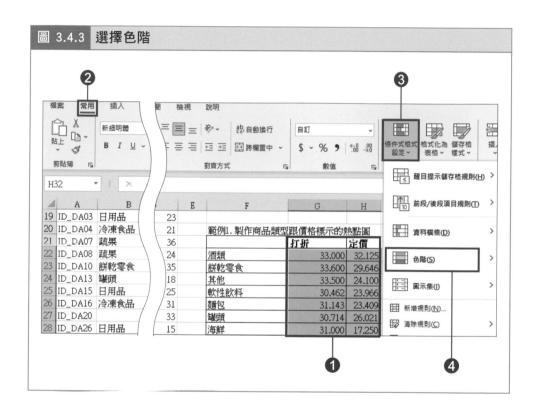

**圖 3.4.3　選擇色階**

此時我們選取的範圍當中數值越大者，所呈現的紅色就會越鮮豔。

圖 3.4.4　數值越大、顏色越深

| | A | B | C | D | E | F | G | H |
|---|---|---|---|---|---|---|---|---|
| 19 | ID_DA03 | 日用品 | 一般價格 | 23 | | | | |
| 20 | ID_DA04 | 冷凍食品 | 定價 | 21 | | 範例1. 製作商品類型跟價格標示的熱點圖 | | |
| 21 | ID_DA07 | 蔬果 | 定價 | 36 | | | 打折 | 定價 |
| 22 | ID_DA08 | 蔬果 | 定價 | 24 | | 酒類 | 33.000 | 32.125 |
| 23 | ID_DA10 | 餅乾零食 | 打折 | 35 | | 餅乾零食 | 33.600 | 29.646 |
| 24 | ID_DA13 | 罐頭 | 定價 | 18 | | 其他 | 33.500 | 24.100 |
| 25 | ID_DA15 | 日用品 | 定價 | 25 | | 軟性飲料 | 30.462 | 23.966 |
| 26 | ID_DA16 | 冷凍食品 | 定價 | 31 | | 麵包 | 31.143 | 23.409 |
| 27 | ID_DA20 | | 打折 | 33 | | 罐頭 | 30.714 | 26.021 |
| 28 | ID_DA26 | 日用品 | 定價 | 15 | | 海鮮 | 31.000 | 17.250 |
| 29 | ID_DA28 | 冷凍食品 | 定價 | 24 | | 蔬果 | 30.457 | 27.400 |
| 30 | ID_DA39 | 肉類 | 定價 | 26 | | 肉類 | 29.882 | 26.556 |
| 31 | ID_DA43 | 蔬果 | 定價 | 25 | | 日用品 | 32.133 | 24.500 |
| 32 | ID_DA44 | 蔬果 | 定價 | 30 | | 冷凍食品 | 25.000 | 25.364 |
| 33 | ID_DA45 | 餅乾零食 | 定價 | 37 | | | | |

　　我們可以直接看出來，有打折的商品賣得比原價商品還要多。另外，我們也能看出酒類、餅乾零食銷量不錯。而軟性飲料、麵包、海鮮、日用品的定價跟折扣價「銷售數量」差異滿大的，也許這些商品需要好的行銷策略。

熱力圖淺顯易懂，而且只要用 Excel 就能輕鬆做到，希望大家都能好好善用。

### ★ 小技巧　熱力圖的顏色選擇

在熱力圖的顏色多點巧思，不僅可以讓熱力圖賞心悅目、還能讓檢視資料的人易於理解。在剛剛的範例當中我們可以看到所有銷售數量的數值都是在 0 以上，因此運用單一顏色的漸層即可，顏色的選擇比較沒有差異。如果沒有偏好的顏色，就以紅色或藍色為主較佳，或者直接使用公司代表色、團隊象徵色。

反之，當資料中同時存在著正負值時，通常會「以 0 為基準，負值用紅色、正值用藍色，數值越大顏色越深」，可以比較容易判讀熱力圖。另外還可以不同欄（或列）使用不同的顏色，但切記顏色越多、越有可能令人看不懂。以簡約易懂為原則，視覺化的效果也會比較好。

# 3.5 製作散佈圖來看 2 個變數之間的相關性

截至目前為止已經學過的直條圖、長條圖、熱力圖，我們先整理這些圖的使用時機。

---

**圖 3.5.1　直條圖、長條圖、熱力圖的使用時機**

- 直條圖：「1 個數值變數」

- 長條圖：「1 個類別變數，1 個數值變數」

- 熱力圖：「1 個數值變數」或「1 個以上的類別變數，1 個數值變數」

---

接下來，我們想要知道商品「佔有率」（商品陳列面積在整個門市面積當中的佔比）跟商品「銷售數量」的相關性，這是屬於「2 個數值變數」的分析，因此就可以使用「散佈圖」。製作方法是將 2 個數值變數分別擺在水平（x）軸與垂直（y）軸，然後將每一筆資料放在對應的座標上，就完成了散佈圖。

散佈圖可以讓我們看到 2 個變數之間的「相關性」。**所謂相關性，是指當某變數值增加或減少時，另一個變數的值也會一起增加或減少**，這在統計學上是非常重要的指標之一。

比如，數學成績較好的人，通常物理成績都比較好。若將數學成績與物理成績以散佈圖來呈現，很可能就會如圖 3.5.2 有一個左下、右上的趨勢。另一個範例，假如「商品單價」越高，銷量就會減少，則「商品單價」跟「銷售數量」的散佈圖會是左上、右下的趨勢。

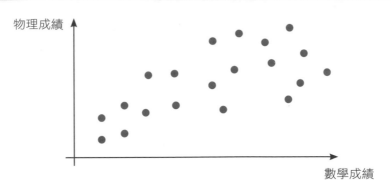

圖 3.5.2　散佈圖的概念

物理成績

數學成績

以圖形呈現數學成績跟物理成績的相關性

實際上用於評量相關性強弱與否的指標，稱為「相關係數」。依照相關係數可以製作出相關矩陣，這會在本章第 6 節介紹，本節還是請讀者先把注意力放在散佈圖。

**重點提醒**

● 想要呈現 2 個變數之間的相關性，　就選用散佈圖。

● 繪製散佈圖時，2 個變數分別放在水平（x）軸跟垂直（y）軸上即可。

# 實作：製作商品「佔有率」 商品與「銷售數量」的散佈圖

chap3.xlsx：chap3-5-1

步驟 ❶：選取 B 欄跟 C 欄。

步驟 ❷：點擊插入。

步驟 ❸：選擇散佈圖。

步驟 ❹：在選單中點散佈圖。

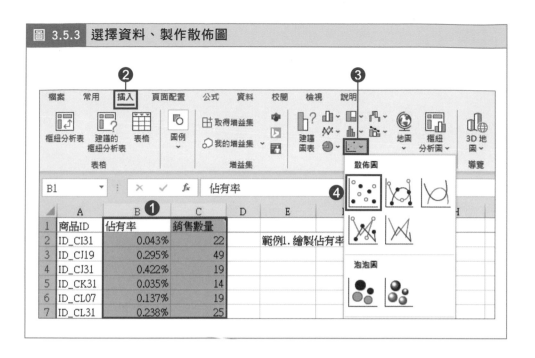

圖 3.5.3 選擇資料、製作散佈圖

繪製出來的散佈圖如圖 3.5.4，水平(x)軸的部分為「佔有率」、垂直(y)軸的部分為「銷售數量」，每一筆資料(每一列)都是圖上的一個點。

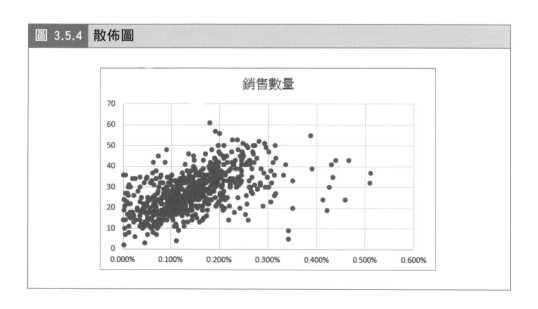

圖 3.5.4 散佈圖

資料散佈的狀態確實有呈現左下、右上的走勢，代表商品「佔有率」越高、「銷售數量」也會上升。從實務的觀點來看，當某個商品在門市內的擺設面積越大，就越容易被顧客看見，也就有更多顧客會購買。但也有可能是因為商品很暢銷，所以需要更多空間擺放，才不會一下就賣完了，所以佔有率因而提升。到底是哪一個才對，目前我們是無法判斷。

# ▌實作：在散佈圖加上趨勢線　　chap3.xlsx：chap3-5-1

　　由於散佈圖跟本章第 6 節的相關矩陣還有本書第 6 章的線性迴歸可以互相搭配，因此我們繼續用練習檔 chap3.xlsx 的 chap3-5-1 工作表，並且在散佈圖上加趨勢線。

步驟 ❶：點選我們已經畫好的散佈圖。

步驟 ❷：點選**圖表設計**。

步驟 ❸：選擇**新增圖表項目**。

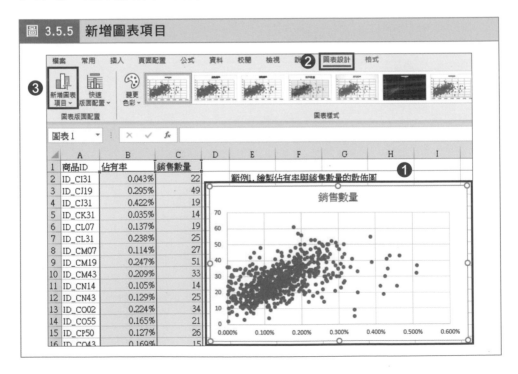

圖 3.5.5　新增圖表項目

步驟 ❹：選擇選單裡面的**趨勢線**。

步驟 ❺：選擇**線性預測**。

圖 3.5.6　加入趨勢線

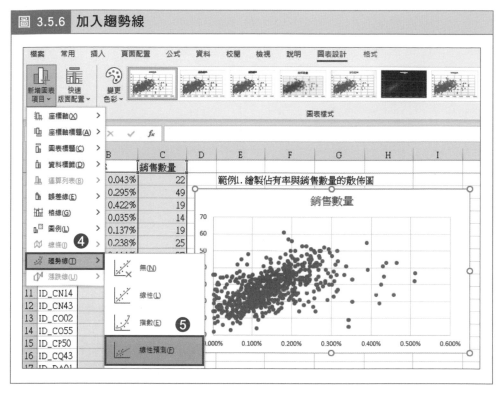

圖 3.5.7　散佈圖加上趨勢線

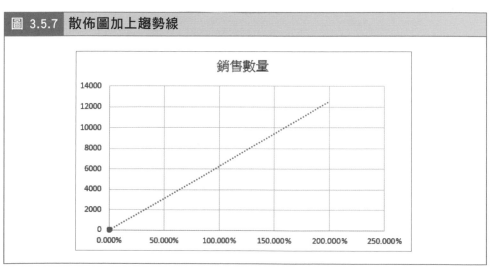

此時因為自動產生的散佈圖，水平（ｘ）軸跟垂直（ｙ）軸的最大值都太大，導致所有的資料看起來好像都聚集在一個點。我們可以用以下的步驟來修改座標軸的最大值。

步驟 ❻：選取垂直（ｙ）軸上的數字。

步驟 ❼：按下滑鼠右鍵。

步驟 ❽：選擇**座標軸格式**。

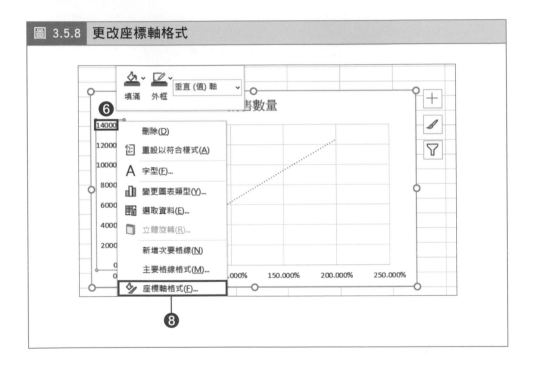

圖 3.5.8　更改座標軸格式

步驟 **⑨**：將**座標軸選項**中範圍的**最大值**設定為 70。

圖 3.5.9 設定垂直(y)軸的最大值

同樣的流程，我們將水平(x)軸上**最大值**設定為 **0.006**，就可以把散佈圖跟趨勢線呈現在同一張圖上。如此一來不僅更能運用散佈圖表達資料特徵，也能藉趨勢線展現持續攀升走揚的關係。

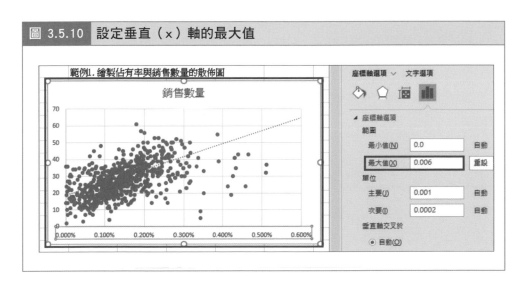

圖 3.5.10 設定垂直（x）軸的最大值

## 實作：在散佈圖加上趨勢線的方程式 chap3.xlsx：chap3-5-1

步驟 ❶：用滑鼠左鍵連續點擊散佈圖上的趨勢線 2 下，畫面右邊就會出現趨勢線格式。

步驟 ❷：勾選**在圖表上顯示方程式**。

步驟 ❸：勾選**圖表上顯示 R 平方值**。

圖 3.5.11　設定趨勢線格式

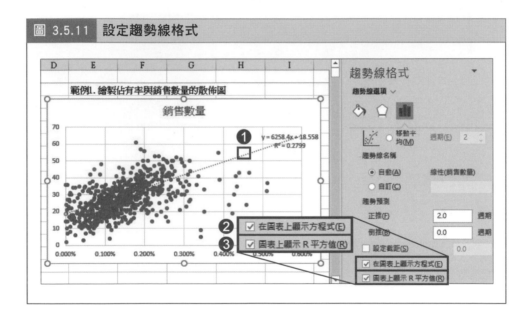

方程式如下圖所示，更細節的部分會留待本書第 6 章的迴歸分析再講述。

圖 3.5.12　出現在趨勢線上面的方程式

$$y = 6258.4x + 18.558$$
$$R^2 = 0.2799$$

$y = 6258.4x + 18.558$ 為趨勢線方程式，y 為「銷售數量」，x 為「佔有率」。由此方程式可以看出，當「佔有率」x 上升 1 個單位時，「銷售數量」y 就會上升 6258.4 個。可是，「佔有率」的單位是百分比（％），數值會落在 0（0％）到 1（100％）範圍之間，因此不太可能會上升 1 個單位。實際上可能的狀況是佔有率上升 0.1％，此時可以預測「銷售數量」會上升 6.258 個（圖 3-5-13）。此外，由於趨勢線方程式的斜率大於 0，因此可以判斷「銷售數量跟佔有率是正相關」，這跟我們判斷散佈圖的結果相似。$R^2 = 0.2799$ 是表示「趨勢線方程式解釋能力」的指標，又稱為「決定係數」。白話一點就是「此趨勢線方程式能解釋大約 28％ 的銷售數量變異」。

| 圖 3.5.13 | 銷售數量跟佔有率的關係 |
| --- | --- |

當佔有率上升了 1（增加 100％），「銷售數量」就會上升 6258 個

↓

當佔有率上升了 0.001（增加 0.1％），「銷售數量」就會上升 6.258 個

有關趨勢線方程式跟決定係數的詳細意義與解讀方式，會在本書第 6 章講解。目前各位只要先了解到「可以用散佈圖來呈現 2 個數值變數，並且可以在散佈圖上加入趨勢線方程式」就可以。

## ▎實作：處理含有離群值的散佈圖　　chap3.xlsx：chap3-5-1

實際上，大多數的資料通常都存在離群值，以致於我們很難描繪出漂亮的散佈圖。那麼該怎麼辦呢？

請開啟 chap3.xlsx 的 chap3-5-2 工作表，並製作 B 欄「進貨單價」跟 C 欄「商品單價」的散佈圖。可以發現這次散佈圖（圖 3-5-14）就沒有圖 3.5.11 這麼好判讀。仔細看就會發現雖然這 2 個變數大部分的值都落在 500 以內，卻有 2 筆資料位在 1000 以上的地方。受到離群值影響的資料就很難描繪出理想的散佈圖，不過換個角度想，散佈圖也有著找出離群值的功能在。

| 圖 3.5.14 | 資料中包含離群值的散佈圖 |
| --- | --- |

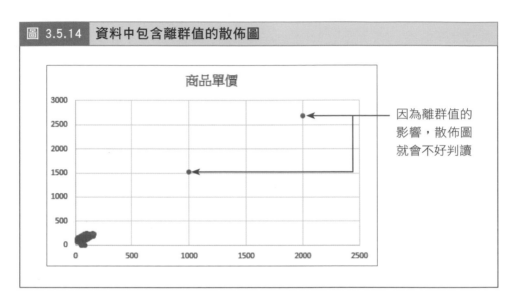

我們可以採用以下方式處理這個問題。

| 圖 3.5.15 | 處理資料中包含離群值的散佈圖 |
| --- | --- |

方法 1：縮小座標軸範圍

方法 2：直接刪除離群值資料

我們先來嘗試方法 1，可以直接參考圖 3.5.8 到圖 3.5.9 的作法，將垂直（y）軸與水平（x）軸的範圍的**最大值**都設定為 **300**，如以一來就能從散佈圖判斷「進貨單價」跟「商品單價」兩者是呈現正相關。

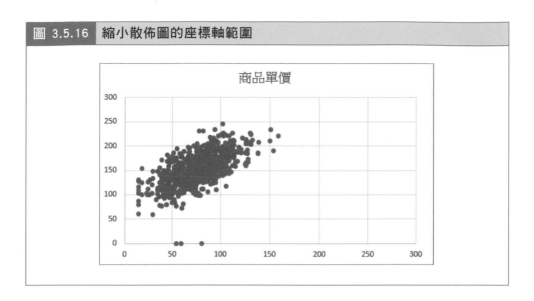

圖 3.5.16　縮小散佈圖的座標軸範圍

在圖 3.5.16 的散佈圖中，水平（x）軸是 B 欄「進貨單價」，垂直（y）軸是 C 欄「商品單價」。「進貨單價」是指店家買該商品的價格，而「商品單價」是指店家賣出這個商品的價格，所以理當「進貨單價小於商品單價」，這樣店家才會賺錢。但是圖 3.5.17 的紅色框裡頭的 3 個資料點，「商品單價」不僅比「進貨單價」低，而且還是 0 元，看起來是不太正常。

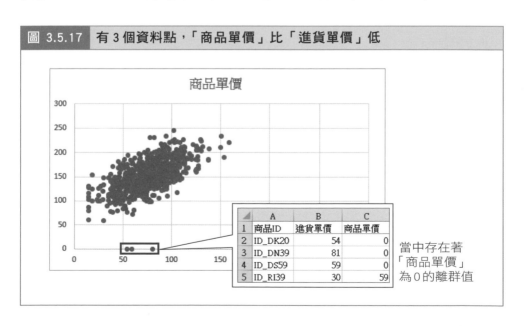

圖 3.5.17　有 3 個資料點，「商品單價」比「進貨單價」低

當中存在著「商品單價」為 0 的離群值

| | A | B | C |
|---|---|---|---|
| 1 | 商品ID | 進貨單價 | 商品單價 |
| 2 | ID_DK20 | 54 | 0 |
| 3 | ID_DN39 | 81 | 0 |
| 4 | ID_DS59 | 59 | 0 |
| 5 | ID_RI39 | 30 | 59 |

我們將資料根據「商品單價」從小到大排列，就會發現有 3 個「商品單價」為 0 元的商品 ID，此時可以考慮使用圖 3.5.15 的方法 2 直接刪除離群值。

　　目前為止我們說明了如何使用散佈圖視覺化 2 個變數彼此相關程度，而本書第 1 章有提過，「有相關」並非存在「因果關係」，請讀者留意。比如，數學成績較好的學生可能物理成績也不錯，將數學成績跟物理成績繪製成散佈圖，就會看到數學成績跟物理成績呈現正相關。但是，我們並無法推論「因為數學成績好，所以物理成績好」。也許更重要的因子是「因為有認真念書，所以數學成績跟物理成績都提升」。

　　我們會稱數學成績跟物理成績具有「正相關」或「假性相關」，而非「因果關係」。

　　如果想要證明兩者有無因果關係，會需要選擇本書第 1 章介紹過的 AB 測試來驗證。現階段我們可能沒有足夠的資料來使用 AB 測試，得知「佔有率」、「銷售數量」、「進貨單價」、「商品單價」之間的因果關係。不過讀者至少要記得：解讀散佈圖的時候，圖形僅表示兩者有無相關，無法呈現因果關係。

---

**重點提醒**

● 使用散佈圖可以視覺化兩個數值變數的相關性。

● 透過散佈圖可以發現資料中有不尋常的數值。

---

# 3.6 計算相關係數

## ▌什麼是相關係數

　　目前為止我們提到很多次「相關性」，這個概念可以延伸出「相關係數」以及「相關矩陣」。**在統計學的世界中若提到「相關」，一般而言是表示資料的線性關係程度大小**（編註：精確來說，通常提到相關性，是指 Pearson's Correlation Coefficient，但其實還有其他相關係數的定義方式。詳細請看旗標出版的「Kaggle 競賽攻頂秘笈 - 揭開 Grandmaster 的特徵工程心法，掌握制勝的關鍵技術」第 6 章的內容）。比如，圖 3.6.1 的 2 張散佈圖，讀者認為哪一張圖中的 2 個變數相關程度較大？

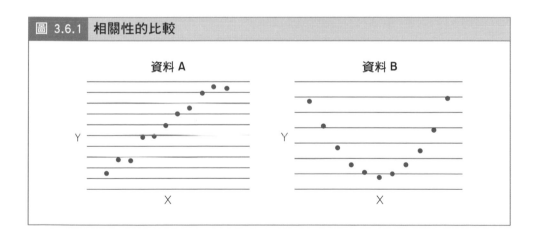

圖 3.6.1　相關性的比較

　　答案是資料 A。原因如同前面所提，統計學上的相關通常是指資料的線性關係程度。而量化相關性的指標，稱為「相關係數」。相關係數的數值介於 1 到 -1 之間，當 x 軸數值越大、y 軸數值也跟著越大時，相關係數就

會趨近 +1；反之，當 x 軸數值越大、y 軸數值卻反而越小時，相關係數就會趨近 -1。然後當 x 軸數值跟 y 軸數值看起來毫無相關，相關係數就會趨近於 0（圖 3.6.2）。所以，**相關係數越是趨近 +1 或 -1 時是「高度相關」，相關係數趨近於 0 時則是「低度相關」。**

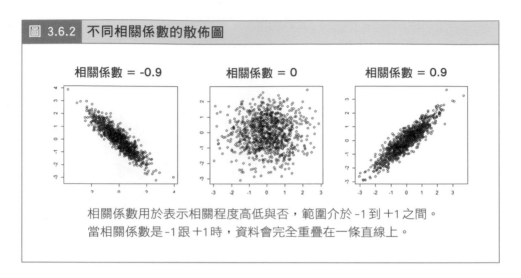

圖 **3.6.2** 不同相關係數的散佈圖

相關係數 = -0.9　　　相關係數 = 0　　　相關係數 = 0.9

相關係數用於表示相關程度高低與否，範圍介於 -1 到 +1 之間。
當相關係數是 -1 跟 +1 時，資料會完全重疊在一條直線上。

　　我們可以運用 Excel 裡面內建的函數來計算相關係數，計算方式如圖 3.6.3 所示。圖中公式的分母是為了要讓相關係數控制在 -1 到 +1 之間所做的調整，因此實質上只要掌握好分子的「共變異數」就可以了。共變異數是本書第 2 章提到的變異數之延伸，變異數是用來表示一個變數的分散程度，而共變異數則是用來表示 2 個變數的連動程度。

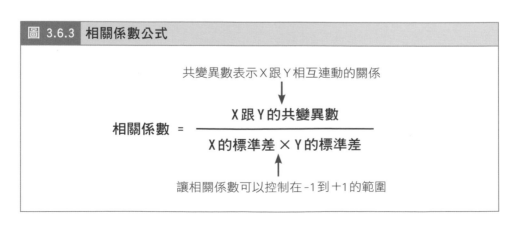

圖 **3.6.3** 相關係數公式

共變異數表示 X 跟 Y 相互連動的關係
↓

$$相關係數 = \frac{X 跟 Y 的共變異數}{X 的標準差 \times Y 的標準差}$$

↑
讓相關係數可以控制在 -1 到 +1 的範圍

　　圖 3.6.4 為共變異數的計算方式。首先計算 x 軸與 y 軸的平均數（圖中 x 軸平均數為 5、y 軸平均數為 3），接著計算「每一個資料點扣除 x 跟 y 軸的平均數」後「相乘」，最後「加總」並除以「資料總數減去 1」，就得出了共變異數。圖 3.6.5 中可以看出，我們將 x 軸平均數跟 y 軸平均數視為新的座標軸，位於右上與左下的資料，其共變異數為正值，因為 x、y 同時大於或同時小於平均值。若這兩個區塊當中存在越多資料點，則表示共變異數的正值會越大，相關係數也會趨近於 1。反之，當左上與右下的資料點越多，共變異數的負值會越大，相關係數就會趨近 -1。

> 共變異數的數值不是介於 -1 到 1 之間，想要多大都有可能，因此比較難使用共變異數解釋資料，實務上大多還是使用相關係數，這邊讀者只需要了解「計算相關係數，需要使用共變異數」就足夠。

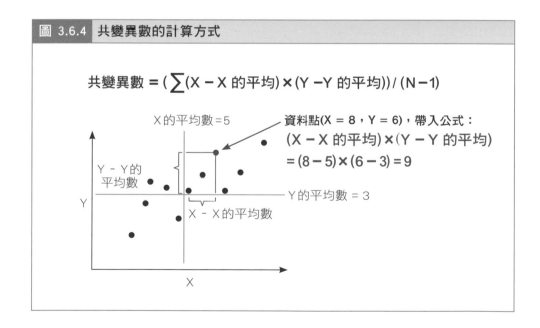

**圖 3.6.4　共變異數的計算方式**

$$共變異數 = \left( \sum (X - X\,的平均) \times (Y - Y\,的平均) \right) / (N - 1)$$

X 的平均數 = 5

資料點(X = 8，Y = 6)，帶入公式：
(X − X 的平均) × (Y − Y 的平均)
= (8 − 5) × (6 − 3) = 9

Y − Y 的平均數

Y 的平均數 = 3

Y

X − X 的平均數

X

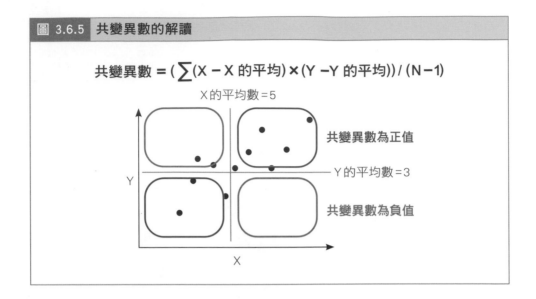

圖 3.6.5　共變異數的解讀

$$共變異數 = ( \sum (X - X \text{ 的平均}) \times (Y - Y \text{ 的平均})) / (N-1)$$

X 的平均數 = 5

共變異數為正值

Y 的平均數 = 3

共變異數為負值

Y

X

　　讀者可以將圖 3.6.5 判斷共變異數正值或負值的方法，回頭檢視圖 3.6.1 的兩張散佈圖，就可以更清楚了解圖 3.6.1 的資料 A 具有較大的（線性）相關性。也許會有讀者覺得雖然資料 B 的相關係數較低、不是線性關係，但是資料 B 看起來 X 跟 Y 很有關聯呀（編註：很明顯就是一個 2 次函數的關係，很可惜 Pearson's Correlation Coefficient 是沒辦法衡量非線性的相關性）。比如，用電量跟氣溫的關係，天氣很冷的時候會開暖氣，因此用電量會很可觀；天氣很熱的時候會開冷氣，也會用很多電；氣溫適中時，剛好冷氣跟暖氣都不用開，用電量就會明顯減少。所以用電量跟氣溫的關係，就很像是圖 3.6.1 的資料 B。在這情境當中，氣溫與用電不是線性相關，但其實是很有關聯。

　　由此可見，雖然可以用相關係數判斷兩個變數的相關性，但是相關係數較低就判斷變數之間毫無關聯，可能會無法發掘變數的真正面貌。筆者建議除了計算相關係數之外，也請搭配繪製散佈圖來幫助判讀。

**圖 3.6.6　無法用相關係數判斷關聯性的狀況**

相關係數高
x、y 有相關

相關係數低
但 x、y 有相關

資料 A

資料 B

Y

X

Y

X

無法因為資料 B 的相關係數較低，就研判 X 跟 Y 之間毫無關聯。

更精準來說，統計學確實存在用於判斷非線性資料（如圖 3.6.6 資料 B 的二次函數形狀資料）的相關係數，但這些技術發展時間較短，礙於本書篇幅就个多介紹。

**重點提醒**

● 就算相關係數很低，也不代表變數之間沒有關聯。

● 想知道變數之間的關聯性，務必搭配散佈圖。

## ▌實作：用Excel計算相關係數　chap3.xlsx：chap3-6

　　我們在本書 3.5 節時已經畫出「佔有率」跟「銷售數量」的散佈圖，現在我們要來計算相關係數。由於散佈圖呈現左下、右上的走勢，預期相關係數會是正值。現在就請各位讀者開啟練習檔 chap3.xlsx 的 chap3-6 工作表。

步驟 ❶：I3 儲存格輸入「=CORREL(」。

步驟 ❷：按下鍵盤 ctrl 鍵。

步驟 ❸：點選 C 欄跟 F 欄，放開鍵盤 ctrl 鍵。

步驟 ❹：鍵盤輸入「)」。

步驟 ❺：按下鍵盤 Enter 鍵。

圖 3.6.7 使用 Excel 的 CORREL 函數求出相關係數

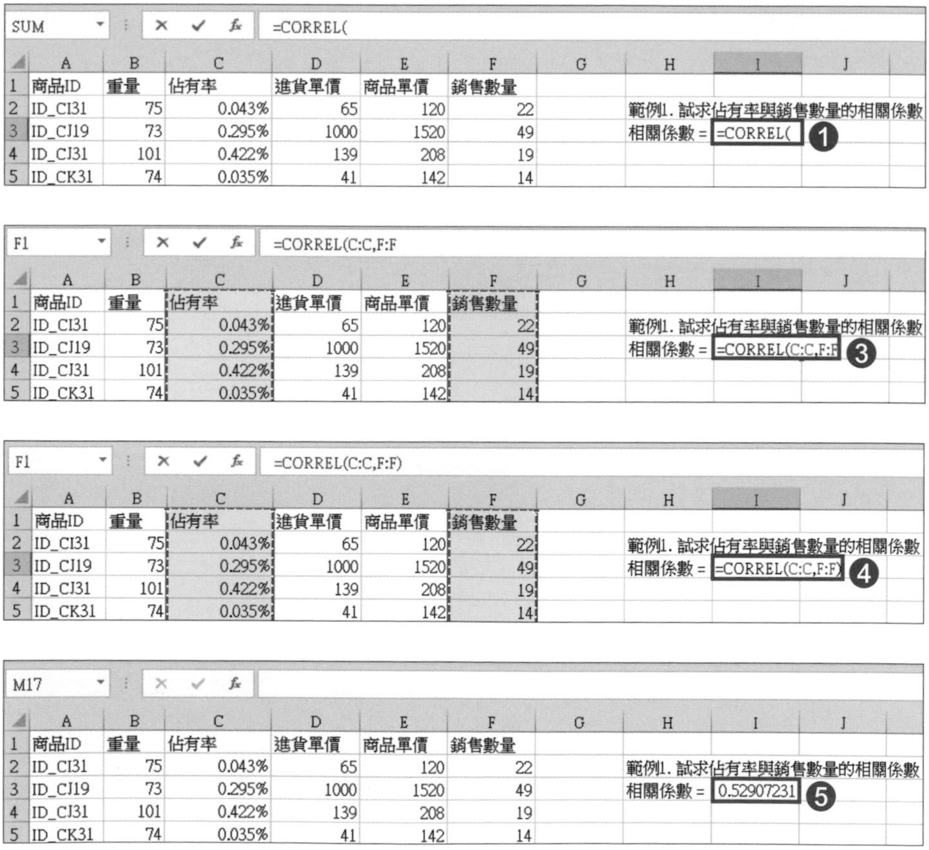

SUM | =CORREL(

| | A | B | C | D | E | F | G | H | I | J |
|---|---|---|---|---|---|---|---|---|---|---|
| 1 | 商品ID | 重量 | 佔有率 | 進貨單價 | 商品單價 | 銷售數量 | | | | |
| 2 | ID_CI31 | 75 | 0.043% | 65 | 120 | 22 | | 範例1. 試求佔有率與銷售數量的相關係數 | | |
| 3 | ID_CJ19 | 73 | 0.295% | 1000 | 1520 | 49 | | 相關係數 = | =CORREL( ❶ | |
| 4 | ID_CJ31 | 101 | 0.422% | 139 | 208 | 19 | | | | |
| 5 | ID_CK31 | 74 | 0.035% | 41 | 142 | 14 | | | | |

F1 | =CORREL(C:C,F:F

| | A | B | C | D | E | F | G | H | I | J |
|---|---|---|---|---|---|---|---|---|---|---|
| 1 | 商品ID | 重量 | 佔有率 | 進貨單價 | 商品單價 | 銷售數量 | | | | |
| 2 | ID_CI31 | 75 | 0.043% | 65 | 120 | 22 | | 範例1. 試求佔有率與銷售數量的相關係數 | | |
| 3 | ID_CJ19 | 73 | 0.295% | 1000 | 1520 | 49 | | 相關係數 = | =CORREL(C:C,F:F ❸ | |
| 4 | ID_CJ31 | 101 | 0.422% | 139 | 208 | 19 | | | | |
| 5 | ID_CK31 | 74 | 0.035% | 41 | 142 | 14 | | | | |

F1 | =CORREL(C:C,F:F)

| | A | B | C | D | E | F | G | H | I | J |
|---|---|---|---|---|---|---|---|---|---|---|
| 1 | 商品ID | 重量 | 佔有率 | 進貨單價 | 商品單價 | 銷售數量 | | | | |
| 2 | ID_CI31 | 75 | 0.043% | 65 | 120 | 22 | | 範例1. 試求佔有率與銷售數量的相關係數 | | |
| 3 | ID_CJ19 | 73 | 0.295% | 1000 | 1520 | 49 | | 相關係數 = | =CORREL(C:C,F:F) ❹ | |
| 4 | ID_CJ31 | 101 | 0.422% | 139 | 208 | 19 | | | | |
| 5 | ID_CK31 | 74 | 0.035% | 41 | 142 | 14 | | | | |

M17 |

| | A | B | C | D | E | F | G | H | I | J |
|---|---|---|---|---|---|---|---|---|---|---|
| 1 | 商品ID | 重量 | 佔有率 | 進貨單價 | 商品單價 | 銷售數量 | | | | |
| 2 | ID_CI31 | 75 | 0.043% | 65 | 120 | 22 | | 範例1. 試求佔有率與銷售數量的相關係數 | | |
| 3 | ID_CJ19 | 73 | 0.295% | 1000 | 1520 | 49 | | 相關係數 = | 0.52907231 ❺ | |
| 4 | ID_CJ31 | 101 | 0.422% | 139 | 208 | 19 | | | | |
| 5 | ID_CK31 | 74 | 0.035% | 41 | 142 | 14 | | | | |

計算結果大約為 0.53，因此我們可以說「佔有率跟銷售數量的相關係數為 0.53」。

## ▌ 解讀相關係數

了解相關係數之後，接下來就要討論「相關係數要多大才算有相關」，這其實是一個不好回答的問題。雖說相關係數越接近 1 或 -1 時，變數之間的相關程度肯定是越高。但是，**對於怎樣才算「很有相關」卻是因人而異**。此外，不同領域、行業的看法可能也不同。比如，金融業的股價這類資料，相關係數計算出來的結果通常都比較高，以筆者自身在金融界的經驗，當時論文普遍認為相關係數大概在 0.7 以上才算「很有相關」。

另一方面，人資相關的資料狀況就不同。透過問卷取得的資料是無法輕易下定論，人事問卷的資料通常都會較難出現很高的相關係數。筆者過去參與人資相關分析專案來說，整體來說相關係數的數值大多都是落在 0.3 左右。如果分析後出現相關係數為 0.6，會是一個驚人的結果。

因此，讀者不要有「相關係數能比某個數值還要大就可以了」的想法。很多教科書上會說「相關係數為 ±0.5 是稍微有相關，超過 ±0.7 則是高度相關」，切勿盲目採信書中所述原則，而是要依照行業、職別的過去分析報告，來判斷相關係數強弱的標準。

此外，假設我們某次分析結果發現相關係數為 1 跟 -1，或是 0.999 跟 -0.999 這類極度靠近 1 跟 -1 的數值，就要非常小心。在現實世界當中，很難找到完全相關的 2 個變數。因此，出現極度靠近 1 跟 -1 的數值，可能是處理過程出錯，或是蒐集資料有錯。比如，資料看起來雖然不同，但其實那些資料都是在表達相同的事情，或是某個變數只是另一個變數乘上 1 個常數。對計算結果抱持懷疑態度，時常檢視分析過程是否出現疏失，仔細觀察資料，相信可以提高資料分析的品質。

# 3.7 計算相關矩陣

將相關係數延伸，就是相關矩陣。所謂相關矩陣，就是將分析對象當中所有的數值變數兩兩一組，計算出相關係數，並以矩陣的型態呈現。矩陣圖有數學上的定義；這裡可以將矩陣想成是「將數值依照行跟列擺好」的結果，因此，其實也可以將 Excel 視為矩陣的一種。

## 實作：用 Excel 計算相關矩陣　　chap3.xlsx：chap3-7

chap3.xlsx 當中的 chap3-7 工作表中已經放入「重量」、「佔有率」、「進貨單價」、「商品單價」、「銷售數量」資料，這些都是數值變數。若要手動配對，一個一個算出這些資料的相關係數，其實有一點麻煩。這時候我們可以運用 Excel 的分析工具箱，一次算出所有相關係數，並且以相關矩陣的方式呈現。

步驟 **❶**：點選**資料**。

步驟 **❷**：點擊**資料分析**。

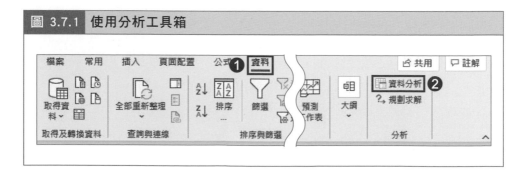
圖 3.7.1　使用分析工具箱

步驟 **❸**：在**資料分析**的視窗中點選**相關係數**。

步驟 **❹**：按下**確定**。

圖 3.7.2 在資料分析視窗中選取相關係數

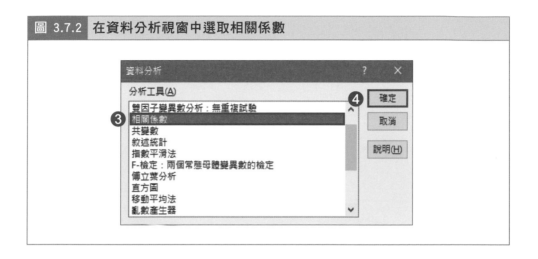

步驟 **❺**：**相關係數**視窗中的**輸入**區域,勾選**類別軸標記是在第一列上**。

步驟 **❻**：點選**輸入範圍**右邊的 ⬆ 。

圖 3.7.3 設定輸入

步驟 ❼：我們要分析 B 欄到 F 欄的相關係數，因此選取從 B1 到 F683 的儲存格。

步驟 ❽：按下 回。

圖 3.7.4 選取資料

| | B | C | D | E | F | G |
|---|---|---|---|---|---|---|
| 669 | 64 | 0.005% | 95 | 186 | 14 | |
| 670 | 50 | 0.194% | 111 | 146 | 43 | |
| 671 | 30 | 0.088% | 76 | 157 | 42 | |
| 672 | 89 | 0.143% | 105 | 161 | 34 | |
| 673 | 51 | 0.125% | 126 | 204 | 21 | |
| 674 | 93 | 0.259% | 87 | 137 | 14 | |
| 675 | 57 | | | | | |
| 676 | 116 | | | | | |
| 677 | 56 | | | | | |

相關係數　　　　　　　　　　　？　×

❼ $B$1:$F$683　　　　　　　　　❽ 回

步驟 ❾：**相關係數**視窗中的**輸出選項**區域，勾選**輸出範圍**。

步驟 ❿：點選**輸出範圍**右邊的 ⬆。

圖 3.7.5 設定輸出

步驟 ⑪：選擇 H7 儲存格。

步驟 ⑫：按下 🔽。

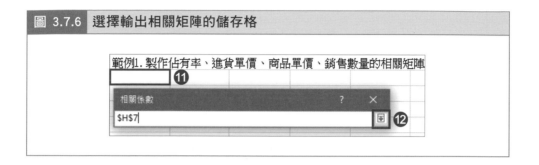

| 圖 3.7.6 | 選擇輸出相關矩陣的儲存格 |

範例1. 製作佔有率、進貨單價、商品單價、銷售數量的相關矩陣

⑪

相關係數

$H$7

⑫

步驟 ⑬：按下**相關係數**視窗的**確定**。

| 圖 3.7.7 | 輸出相關矩陣 |

相關係數

**輸入**

輸入範圍(I)：　$B$1:$F$683

分組方式：　　◉ 逐欄(C)
　　　　　　　○ 逐列(R)

☑ 類別軸標記是在第一列上(L)

**輸出選項**

◉ 輸出範圍(O)：　$H$7

○ 新工作表(P)：

○ 新活頁簿(W)

確定　⑬
取消
說明(H)

計算結果如圖 3.7.8 所示，矩陣的行跟列分別都擺上了變數，並且在表中算出每一組配對的相關係數。使用分析工具箱就能一次算出所有的相關係數了。由於矩陣的對角線是 2 個相同變數的相關係數，所以計算結果就是 1。從相關矩陣可以看出，「進貨單價」與「商品單價」有高度相關，且「佔有率」跟「銷售數量」的相關性也很高，而剩餘的變數們之間則較無顯著相關性。

| 圖 3.7.8 | 相關矩陣的輸出結果 |
| --- | --- |

| 範例1. 製作佔有率、進貨單價、商品單價、銷售數量的相關矩陣 | | | | |
| --- | --- | --- | --- | --- |
| | 重量 | 佔有率 | 進貨單價 | 商品單價 | 銷售數量 |
| 重量 | 1 | | | | |
| 佔有率 | -0.0026929 | 1 | | | |
| 進貨單價 | -0.0329795 | 0.01685239 | 1 | | |
| 商品單價 | -0.0486679 | -0.0086283 | 0.9684325 | 1 | |
| 銷售數量 | -0.0086358 | 0.52907231 | 0.0017587 | -0.048185 | 1 |

解讀相關矩陣的時候，會發現滿滿的數字，其實沒辦法很容易判讀。因此我們可以再為相關矩陣加上熱力圖，讓我們更好判讀相關矩陣。

# ▌實作：相關矩陣熱力圖

chap3.xlsx：chap3-7

我們選擇相關係數的欄位範圍，也就是從 I8 到 M12 的儲存格，並且比照本書 3.4 節的方法製作熱力圖。筆者個人認為，最大值以紅色表示、最小值以藍色表示，呈現出來的相關矩陣最好判讀，因此筆者選擇**紅 - 白 - 藍色階**，結果如圖 3.7.9。

Chapter 3

使用資料視覺化了解營運趨勢

圖 3.7.9 相關矩陣熱力圖

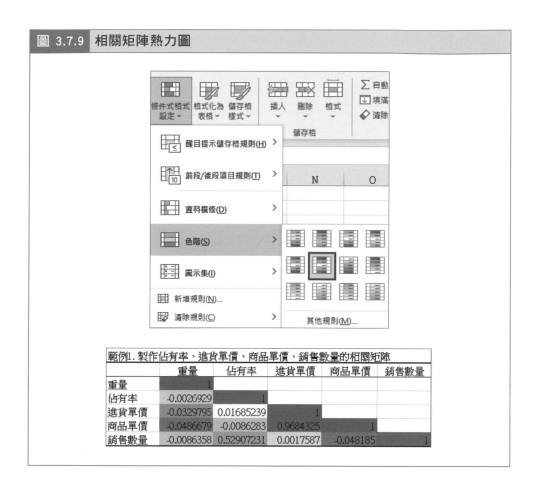

| 範例1. 製作佔有率、進貨單價、商品單價、銷售數量的相關矩陣 | | | | | |
|---|---|---|---|---|---|
| | 重量 | 佔有率 | 進貨單價 | 商品單價 | 銷售數量 |
| 重量 | 1 | | | | |
| 佔有率 | -0.0026929 | 1 | | | |
| 進貨單價 | -0.0329795 | 0.01685239 | 1 | | |
| 商品單價 | -0.0486679 | -0.0086283 | 0.9684325 | 1 | |
| 銷售數量 | -0.0086358 | 0.52907231 | 0.0017587 | -0.048185 | 1 |

相關矩陣搭配熱力圖，可以讓我們更快判斷出具有相關性的變數組合。

 當然還有其他各式各樣的資料視覺化方法，可以參考更多進階的書籍。

# MEMO

# Chapter 4

## 進行假設檢定確認
## 差異是否顯著

# 4.1 假設檢定可以幫助我們回答更多問題

我把進貨單價的目標設定在 70 元，但是確認資料後實際上是 76 元，因此需要寫報告向上級說明。

這時候可以運用假設檢定，驗證金額差距是否具有統計顯著，或是可以忽略。

可是已經算出資料的平均數是 76 元了，這不就表示有差異了嗎？

只看平均進貨單價為 76 元，還是不足以說明跟 70 元的差異有統計顯著。比如，資料的標準差是 60 元的時候，就會因為變異程度太大的關係，而無法說明跟 70 元的差異有統計顯著。

原來如此。如果只有 10 筆資料的話，可能也不足以用平均數就下定論？

是的。所以我們需要假設檢定，以統計學的角度來分析金額差距是否有顯著。

　　本章會講解統計分析中較難的假設檢定，了解本章內容後，讀者就有辦法用資料分析回答「變更網站的使用者介面（UI），是否真的提升轉換率跟點擊率」這類問題。假設檢定的方法可以讓我們處理更多問題，但是假設檢定並沒有敘述統計來得普及，主要是因為假設檢定運算難度較高。然而，其實 Excel 也是可以操作假設檢定，讀者只要能夠依照本書內容按部就班操作，都能夠用假設檢定解決問題。我們會先看一次假設檢定的思考邏輯，接著進入 Excel 操作假設檢定。藉由假設檢定的思考邏輯，可以讓讀者理解**機率分佈**的概念，以及**如何以統計學的觀點來看待資料**。

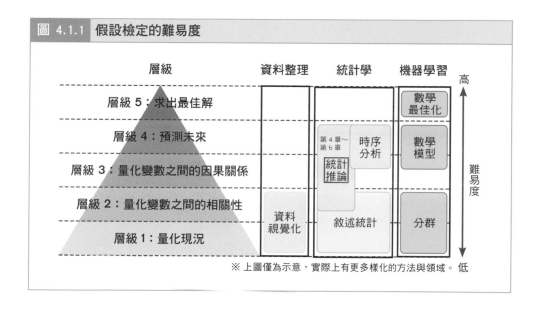

圖 4.1.1　假設檢定的難易度

# 4.2 假設檢定是什麼

## 差異是否為偶然

若要以一句話來總結假設檢定，筆者認為是**推論資料中的差異是否為偶然**。

以 chap4.xlsx 當中 chap4-8 工作表的零售超市資料為例，蔬果共有 135 個品項，「進貨單價平均數」約為 76 元。這間超市為了要能夠壓低進貨成本，已經將「進貨單價平均數」的目標值設定在 70 元，所以實際上蔬果「進貨單價平均數」比目標高 6 元。我們要思考的是：這樣的差異是否為偶然？如果是偶然，那麼就不用太在意實際「進貨單價平均數」比目標高 6 元（編註：也許下次就會低於 70 元）；反之，若不是偶然，也就是「6 元的差異是有統計顯著」，我們就要檢討為什麼實際執行的時候，沒辦法達到「進貨單價」的目標。假設檢定就是透過檢驗差異是否為偶然產生，然後據此推得結論。

實務上，遇到如本文這種平均數跟目標值有落差的情況，有些案例比如年度實際進貨單價平均數是 100 元，目標卻是 50 元，也許可以直接定論「沒有達到目標」（筆數多而且跟目標差異很大），並不一定需要使用假設檢定。但是對於無法輕易下定論的案例，可以使用本章當中的方式解決問題。

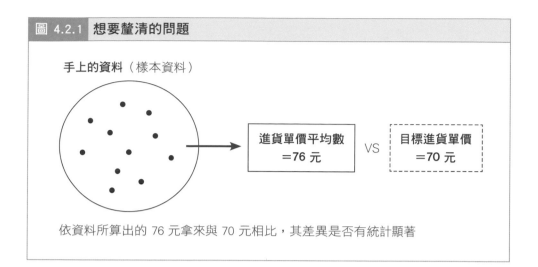

圖 4.2.1　想要釐清的問題

**手上的資料**（樣本資料）

進貨單價平均數
=76 元

VS

目標進貨單價
=70 元

依資料所算出的 76 元拿來與 70 元相比，其差異是否有統計顯著

## 假設檢定的使用時機

以下時機都可以使用假設檢定來釐清問題。

圖 4.2.2　假設檢定的使用時機

- 希望研判更新網站設計時，新設計跟舊設計的轉換率哪個好。這又稱為「A/B 測試」，驗證 A、B 兩方案的轉換率不同，是偶然的差異，還是確實有統計顯著。

- 希望研判進行市場行銷策略之前跟之後是否呈現了有意義的成效。

- 希望研判問卷分析結果，男性平均分數跟女性平均分數的落差，是否具備統計顯著。

讀者可以想看看自己的工作上有沒有類似這樣的案例。

# 4.3 假設檢定中的 2 個假設

　　假設檢定的過程其實就是先訂立假設，再驗證假設是否正確，也就是進行檢定。假設檢定其實是一種統稱，這個統稱裡頭還存在很多不同的檢定方法，本書將會介紹 t **檢定**跟**卡方檢定**，這 2 個檢定方法在工作上時常會使用。本章會先講解 t 檢定，讓讀者了解假設檢定的詳細流程。圖 4.3.1 是假設檢定的思考流程，本章將會依序講解。

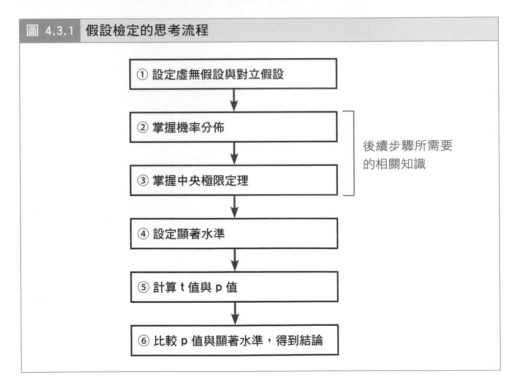

**圖 4.3.1 假設檢定的思考流程**

① 設定虛無假設與對立假設

② 掌握機率分佈

③ 掌握中央極限定理

後續步驟所需要的相關知識

④ 設定顯著水準

⑤ 計算 t 值與 p 值

⑥ 比較 p 值與顯著水準，得到結論

## 虛無假設與對立假設

　　回顧本章一開始提到的問題：

> ### 圖 4.3.2 待檢驗的問題
>
> 雖然「進貨單價平均數」的目標值為 70 元，但是資料計算出來的「進貨單價平均數」是 76 元。所以實際上的「進貨單價平均數」是不是真的比目標值還高？

現在，我們嘗試將上述的問題，改寫成更符合假設檢定的脈絡，結果如圖 4.3.3。

> ### 圖 4.3.3 使用假設檢定的脈絡來描述問題
>
> 資料計算出來的「進貨單價平均數」是 76 元，而目標值 70 元，這差異是否具有統計顯著。

要回答上面這個問題，我們需要**假設檢定的 2 個假設：「虛無假設」與「對立假設」**。以圖 4.3.3 的範例來說，「實際資料是 76 元，跟目標值 70 元的差異，沒有統計顯著」這類「事件 A 跟事件 B 的差異只是偶然，不用在意」的概念，稱為「虛無假設」。換句話說，此範例的虛無假設就是「實際資料是 76 元跟目標值是 70 元之間，這差異**純屬偶然**，**不具有**統計顯著」[註1]。

而與虛無假設相反的假設，稱為「對立假設」，圖 4.3.3 的範例來說，對立假設就是「實際資料是 76 元，跟目標值 70 元，是有統計顯著」。換句話說，對立假設是「實際資料是 76 元跟目標值是 70 元之間，這差異**不是偶然**，而是**具有統計顯著**」。

---

註1　雖然某些案例，會將「2 個事件有差異」設定為虛無假設，但這樣的案例會需要更多的論證。筆者在此用比較常見，且讀者比較容易理解的方式，來進行講解假設檢定。

**假設檢定只會出現 2 種結論：不拒絕虛無假設，或是採納對立假設。**

如果計算資料所得到的結果能夠採納對立假設，就代表「實際資料是 76 元跟目標值 70 元之間，這差異**不是偶然**，而是**具有統計顯著**」，那麼就要檢討公司的進貨策略了。

---

編註 採納對立假設亦即拒絕虛無假設、或棄卻虛無假設。

---

圖 4.3.4 假設檢定的結論：不拒絕虛無假設或是採納對立假設

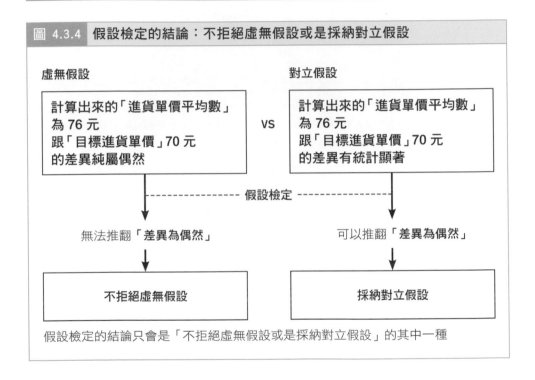

假設檢定的結論只會是「不拒絕虛無假設或是採納對立假設」的其中一種

---

本書雖然選擇 t 檢定，但其他的檢定方法，也都是需要設定虛無假設跟對立假設，因此務必掌握好這個概念。

## 檢定過程

圖 4.3.5 跟圖 4.3.6 說明了如何決定不拒絕虛無假設，還是採納對立假設。

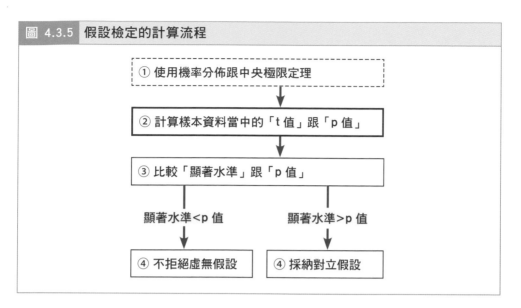

圖 4.3.5　假設檢定的計算流程

① 使用機率分佈跟中央極限定理

② 計算樣本資料當中的「t 值」跟「p 值」

③ 比較「顯著水準」跟「p 值」

顯著水準<p 值　　　　　顯著水準>p 值

④ 不拒絕虛無假設　　　④ 採納對立假設

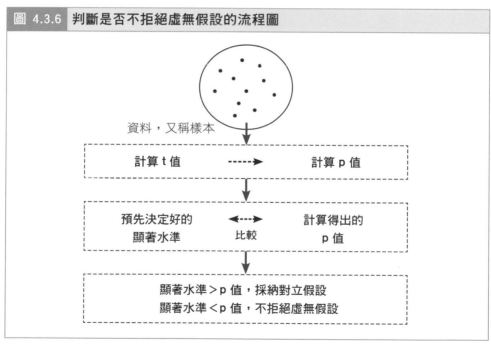

圖 4.3.6　判斷是否不拒絕虛無假設的流程圖

資料，又稱樣本

計算 t 值　-----▶　計算 p 值

預先決定好的　◀---▶　計算得出的
顯著水準　　　比較　　　p 值

顯著水準>p 值，採納對立假設
顯著水準<p 值，不拒絕虛無假設

　　從上圖得知，想要進行假設檢定，必須要先了解機率分佈、中央極限定理、顯著水準等概念，接下來本章的第 4 到第 6 節，將會一一介紹讓讀者認識。

# 4.4 機率分佈

**機率分佈**不僅是執行假設檢定時需要了解的事情，也是統計學當中重要觀念。

統計學通常是假設「**手上的資料只是從母體當中隨機選出的樣本**」。比如，零售超市的資料只是「某一週的資料」，如果我們再獲得了下週的資料，又或是拿不同門市同一週的資料，我們手上的資料就是不同的樣本資料[註2]。或許會有人想要直接分析母體，但是若要這麼做，我們得蒐集無限多週的資料，而且還要取得全國的門市資料，這通常是不太可能。**而統計學則是要在有限的樣本資料中，試圖理解母體可能的趨勢跟特質。**

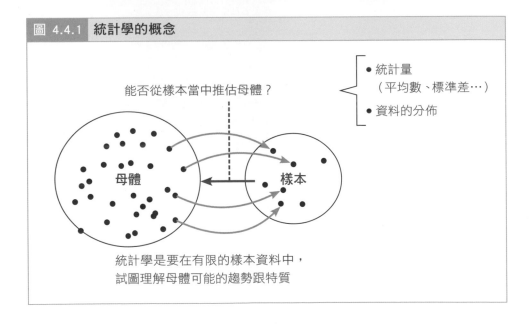

圖 4.4.1　統計學的概念

能否從樣本當中推估母體？

- 統計量（平均數、標準差…）
- 資料的分佈

母體　　樣本

統計學是要在有限的樣本資料中，
試圖理解母體可能的趨勢跟特質

---

註2　為了讓讀者能掌握觀念，這裡假設零售超市資料在不同時間跟地區的特徵都相同（來自相同的母體）。

## ▌使用機率分佈觀察機率現象

回到圖 4.3.3 的範例，從統計學的角度，我們的進貨單價資料只是「一個樣本資料」，雖然此樣本的「進貨單價平均數」是 76 元，但是母體的「進貨單價平均數」並不一定是 76 元。也就是說，如果我們手上再多一些樣本資料，算出來的「進貨單價平均數」可能也會改變。如果我們可以獲得很多樣本，就可以算出很多「進貨單價平均數」，最終可以畫出「進貨單價平均數」的長條圖。

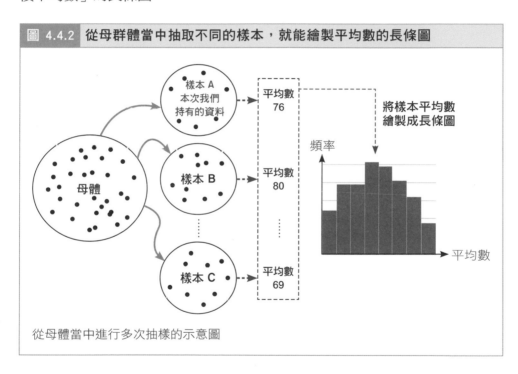

**圖 4.4.2** 從母群體當中抽取不同的樣本，就能繪製平均數的長條圖

從母體當中進行多次抽樣的示意圖

圖 4.4.2 中的長條圖，垂直（y）軸放的是頻率（個數、筆數），只要將每一個長條除以總資料數，藉此轉換成機率（全部加起來等於 1），就會變成機率分佈。機率分佈的水平（x）軸放的變數（又稱為隨機變數）是我們研究的對象。在本次的範例來說，水平（x）軸的隨機變數為「進貨單價平均數」，垂直（y）軸是「每個進貨單價平均數的發生機率」。是當我們導入了機率分佈概念，就能知道不同「進貨單價平均數」出現的機率。

事實上，對於一個連續型隨機變數，可能出現的數值有無限多，因此某一個數值出現的機率是 $\frac{1}{\infty}=0$。以進貨單價平均數為例，平均數有可能是 76 元、76.1 元、76.01 元、76.001 元……，無限多種可能，因此進貨單價平均數為 76 元的機率就變成 0。

圖 4.4.2 中可以看到 8 個長條，代表我們把樣本平均數可能的數值平分為 8 個區間。然而連續型隨機變數有無限多種可能，因此當我們有無限多的樣本平均數，並且使長條圖中的每一個區間無限細，再除以區間寬度，我們就會得到機率密度函數（Probability Density Function）。比如，如果我們有很多樣本並計算出進貨單價平均數，接著把長條圖的每一個區間切很細，再除以區間寬度，我們就可以得到進貨單價平均數的機率密度函數。

對於一個連續型隨機變數，某一個數值範圍才有機率。比如，進貨單價平均數介於 76 元到 77 元之間的機率，此機率等於機率密度函數 76 元到 77 元的面積。

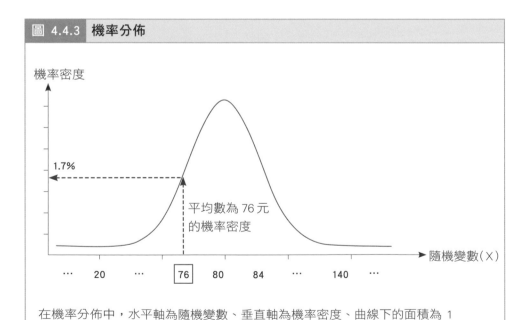

圖 4.4.3　機率分佈

機率密度

1.7%

平均數為 76 元
的機率密度

隨機變數(X)

··· 20 ··· 76 80 84 ··· 140 ···

在機率分佈中，水平軸為隨機變數、垂直軸為機率密度、曲線下的面積為 1

# 不同種類的機率分佈

不同的問題，機率分佈也會不同，我們現在來多看看其他的應用。

---

**圖 4.4.4　隨機變數的型態**

- 範例 ①：（連續型隨機變數）一群身高平均為 150 公分的小學生身高資料。

- 範例 ②：（離散型隨機變數）取消訂閱的平均機率為 20%，一群客戶中有多少人取消訂閱的資料。

---

圖 4.4.4 中的範例 ① 資料呈現了身高幾公分，這是一個連續型隨機變數；而範例 ② 的資料則是告訴我們是否取消訂閱的人數，這是一個離散型隨機變數。所以這 2 個範例的機率分佈絕對不一樣，讀者可以想像範例 ① 機率分佈的水平（x）軸上，有身高是 150 公分、150.1 公分、150.01 公分、…。但是範例 ② 機率分佈的水平（x）軸，只有 1 人、2 人、…，不會出現 1.1 人。

**機率分佈是運用方程式來呈現事物的機率行為** [註3]，面對不同的事物，機率分佈的計算也會隨之改變。資料分析的專家，需要有一定程度地掌握「什麼樣的事情會呈現何種機率行為」。而想要具備這樣的能力，並不是死背機率分佈，而是要看更多範例並從中理解。

我們將圖 4.4.4 的 2 個範例資料繪製成長條圖，會變成圖 4.4.5。圖 4.4.5 左圖以身高的平均數 150cm 為中心，呈現出左右對稱的鐘型，這稱為 **「常態分佈」**。此常態分佈中，150cm 發生可能性最高，越往左右兩側可能性逐漸下降，因此出現身高超過 300cm 的人，或身高 10cm 以下的

---

註3　有時候不會用數學方程式來表示機率分佈，比如可以用表格來呈現每個數值的機率（或是機率密度）。

人，可能性非常的低（編註：再次提醒，連續型隨機變數的機率分佈，垂直軸是機率密度，不是機率。給定一段區間，並計算該區間的曲線下面積才是機率）。**讀者可以將常態分佈理解為「連續型隨機變數的機率現象，並以平均數為中心，向左右遞減形成吊鐘形狀」的分佈。**

圖 4.4.5 右圖近似「**二項式分佈**」，此範例為已知取消訂閱率為 20%，若用戶人數為 10 人，最有可能的解約人數為 2 人，接著是 1 個人，接著是 3 個人、接著是 4 個人、…，形成了如圖 4.4.5 右側的圖形。

透過這 2 個範例，希望讀者能夠了解：面對不同問題使用的機率分佈也不同。

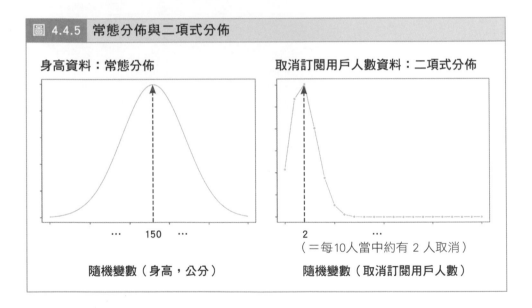

圖 4.4.5　常態分佈與二項式分佈

身高資料：常態分佈

取消訂閱用戶人數資料：二項式分佈

… 150 …

隨機變數（身高，公分）

2 …
（＝每10人當中約有 2 人取消）

隨機變數（取消訂閱用戶人數）

## 常態分佈的各種樣貌

圖 4.4.4 範例 1 當中是小學生的身高資料，因此平均身高只有 150 公分。此外，小學生普遍還沒開始發育，所以資料分散程度較小，這邊假設標準差只有 20 公分（編註：此為虛構資料）。而未來小學生會持續長高，但由於發育程度有別，因此如果是高中生資料，資料分散程度就會比較大，

例如高中生平均身高是 170 公分，標準差可能有 40 公分。顯然小學生的身高分佈跟高中生的身高分佈，圖形會不一樣。

　　小學生的身高分佈，150 公分會成為分佈的山頂，加上標準差較小，因此山峰會比較細長。中學生的身高分佈，170 公分會成為分佈的山頂，因為標準差較大，因此山峰就會比較寬大。

　　一樣都是常態分佈，卻會因為資料的一些特性不同（平均數跟標準差不同），而導致分佈的形狀改變。我們將這些特性稱為「參數」。以常態分佈來說，常態分佈的參數就是資料的平均數跟標準差[註4]。

　　實務上應用機率分佈的流程如下。若順利執行這個流程，並決定好機率分佈跟參數後，就能夠得知某個事件發生的可能性。

1. 獲得資料。
2. 思考是因為什麼現象而產生這樣的資料。
3. 決定適當的機率分佈。
4. 根據資料研判合適的參數數值。

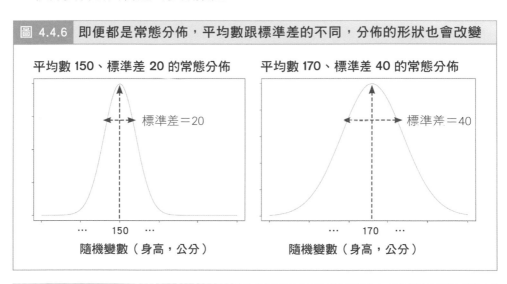

**圖 4.4.6　即便都是常態分佈，平均數跟標準差的不同，分佈的形狀也會改變**

平均數 150、標準差 20 的常態分佈　　　平均數 170、標準差 40 的常態分佈

標準差＝20　　　　　　標準差＝40

…　150　…　　　　　…　170　…

隨機變數（身高，公分）　　　　　隨機變數（身高，公分）

---

註4　二項式分佈的參數是「實驗次數」跟「某事件發生的機率」。比如圖 4.4.4 的範例
　　　2 當中，參數就是用戶人數跟解約率。

# 4.5 中央極限定理（Central Limit Theorem, CLT）

　　當我們了解常態分佈後，接下來要來說明「進貨單價平均數」也會近似「常態分佈」。其實，無論是「進貨單價」還是任何隨機變數（比如每天喝的啤酒量），它們的**平均數都會近似常態分佈**。而這種「某個隨機變數的平均數會近似常態分佈」的情況，稱為**「中央極限定理」**。請注意，「隨機變數」的機率分佈，跟「隨機變數的平均數」的機率分佈是不一樣。

　　回到範例當中，當我們將「進貨單價」視為隨機變數時，則「進貨單價」會是一個未知的機率分佈。可是，中央極限定理告訴我們，不管「進貨單價」隨機變數的分佈是什麼，「進貨單價平均數」的分佈會近似常態分佈。也許目前我們手上的資料只能算出一個「進貨單價平均數」，然而如果我們可以獲得更多「進貨單價」的資料（也就是更多樣本），那麼「進貨單價平均數」確實會近似常態分佈[註5]。

---
### 中央極限定理

● 隨機變數的平均數會近似常態分佈，稱為中央極限定理

---

註5　有些業界的經驗認為有 30 個樣本平均數以上就足夠，以本範例來說就是要有 30 個以上的「進貨單價平均數」。

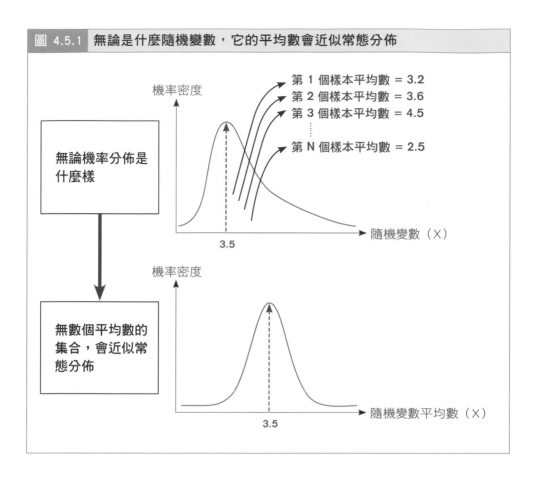

圖 4.5.1 無論是什麼隨機變數，它的平均數會近似常態分佈

中央極限定理發展至今已經超過百年，而「無論是什麼現象，它的平均數會近似常態分佈」這點至今仍然適用。本書要介紹的 t 檢定，正是應用了中央極限定理，因此很多現象都可以使用 t 檢定。

關於中央極限定理的證明，已經超出本書的範疇，讀者只需要知道這項結果已經有相關的數學證明。

編註 想知道相關證明，請參閱 Hogg, R. V., McKean, J. W., and Craig, A. T. (2019) Introduction to Mathematical Statistics. 8th edn. Boston: Pearson。

# 4.6 設定顯著水準（Significant Level）

## 使用「虛無假設為真」的條件下，計算產生資料的機率

要確認「進貨單價平均數 76 元，比目標值 70 元還大，這差異是否具備統計顯著」，我們需要了解以下這 2 點。

| 圖 4.6.1 | 中央極限定理的重要思維 |
|---|---|

**根據中央極限定理，「進貨單價平均數」會近似常態分佈。**

現在，我們的虛無假設是「實際資料中，進貨單價平均數是 76 元跟目標值是 70 元之間，這差異純屬偶然，不具有統計顯著」。然後，「進貨單價平均數」的機率分佈是常態分佈。因此，如果虛無假設為真，我們就能知道有多少機率會產生「進貨單價平均數大於等於 76 元」。

▶ **小編補充** 由於「進貨單價平均數」是連續型隨機變數，因此出現特定數值的機率其實是 0。因此我們會改成計算一個區間的發生機率，在此範例中，可以計算「進貨單價平均數大於等於 76 元的機率」。

| 圖 4.6.2 | 假設檢定的重要思維 |
|---|---|

- 在虛無假設為真的條件下，產生手上資料的機率偏高，則要考慮不拒絕虛無假設。
- 在虛無假設為真的條件下，產生手上資料的機率偏低，代表「虛無假設為真」可能是錯誤的論述，則可以考慮採納對立假設。

也就是說，我們先預設「虛無假設為真」，然後計算「虛無假設為真的條件下，產生資料的可能性」，最後將可能性量化，來判斷是否採納對立假設。

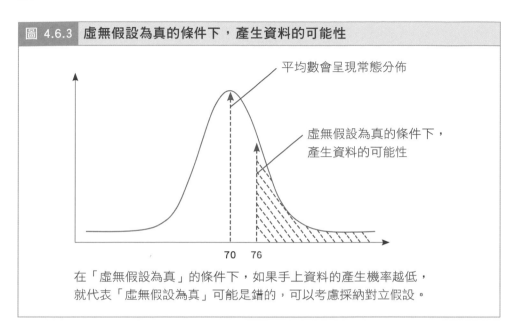

圖 4.6.3　虛無假設為真的條件下，產生資料的可能性

平均數會呈現常態分佈

虛無假設為真的條件下，產生資料的可能性

70　76

在「虛無假設為真」的條件下，如果手上資料的產生機率越低，就代表「虛無假設為真」可能是錯的，可以考慮採納對立假設。

## ▌使用「對立假設為真」的條件下，比較難得到結論

我們的虛無假設是「實際資料中，進貨單價平均數是 76 元跟目標值是 70 元之間，這差異純屬偶然，不具有統計顯著」，所以是在「虛無假設為真」的條件下，也就是「如果進貨單價平均數真的是 70 元」，那麼產生我們手上資料（進貨單價平均數為 76 元）的機率是多少。虛無假設給了我們「真正的進貨單價平均數是 70 元」的具體數值，才能建構機率分佈，進而算出手上資料發生的機率是多少，最後判定是否要採納對立假設。

我們的對立假設是「實際資料中，進貨單價平均數是 76 元跟目標值是 70 元之間，這差異不是偶然，而是具有統計顯著」。如果我們要計算「對立假設為真」的條件下，也就是「如果進貨單價平均數不是 70 元」，那麼

產生我們手上資料（進貨單價平均數為 76 元）的機率是多少，就會遇到困難：「進貨單價」不是 70 元的可能數值有很多，我們無法知道該以什麼數值作為基準才好，因此就無法知道產生手上資料的機率是多少。

## 顯著水準

圖 4.6.2 提到「在虛無假設為真的條件下，產生手上資料的機率偏高，則要考慮不拒絕虛無假設」。接下來就要決定「機率要多高，才考慮不拒絕虛無假設」。用來判斷機率是否足夠高的標準稱為**「顯著水準」**，我們用圖 4.6.4 來說明。在「虛無假設為真」的條件下，也就是「如果進貨單價平均數真的是 70 元」，那麼產生我們手上資料（進貨單價平均數為 76 元）的機率，即為圖 4.6.4 當中右邊紅色區塊的面積，這個面積值稱為 p 值。而顯著水準則是圖 4.6.4 當中右邊綠色斜線區塊的面積，這個數值稱為 $\alpha$ 值。

當 p 值低於顯著水準時，代表「虛無假設為真」的條件下，產生此資料的機率實在太低了，因此可以考慮採納對立假設。反之，當 p 值高於顯著水準時，則代表「虛無假設為真」的條件下，滿有機會產生此資料，因此考慮不拒絕虛無假設。

本書 4.7 節會介紹如何計算 t 值跟 p 值。目前讀者只要先知道「我們是透過**比較面積大小，來判斷應該採用虛無假設或是對立假設**」。

---

**★ 小技巧**　設定虛無假設時的思考方式

通常會將想要驗證的論述放在對立假設，與對立假設相反的論述放在虛無假設即可。另一個判斷方式是將明確的論述做為虛無假設，與此相反的論述作為對立假設。比如，本範例中「進貨單價平均數的目標是 70 元」是一個明確的論述，因此可以考慮將此論述做為虛無假設。

---

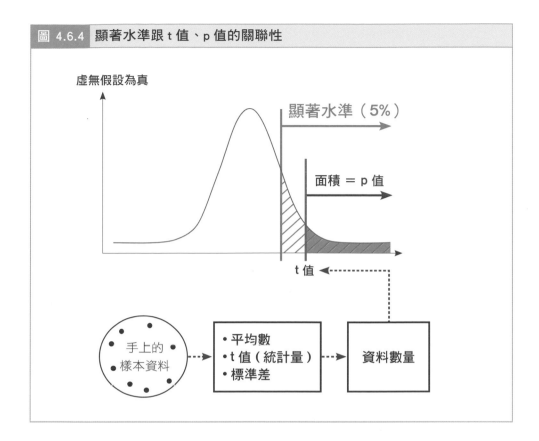

圖 4.6.4 顯著水準跟 t 值、p 值的關聯性

## 設定顯著水準

　　顯著水準的定義在於「**虛無假設為真的條件下所建構出的機率分佈中，手上資料會讓我們考慮採納對立假設的機率值**」。最常用 5%，其他常見的顯著水準還有 1% 或 10%。本書將會以「顯著水準為 5%」的前提來進行後續講解，當設定「顯著水準為 5%」時，如果產生手上資料的機率小於 5%，就要考慮採納對立假設。

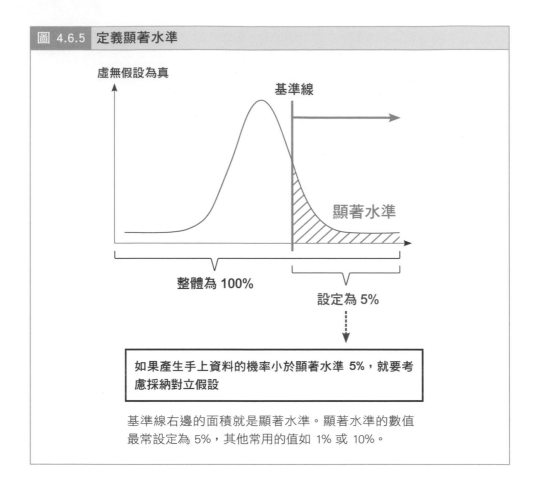

圖 4.6.5 定義顯著水準

虛無假設為真

基準線

顯著水準

整體為 100%

設定為 5%

如果產生手上資料的機率小於顯著水準 5%，就要考慮採納對立假設

基準線右邊的面積就是顯著水準。顯著水準的數值最常設定為 5%，其他常用的值如 1% 或 10%。

## t 值與 p 值的意思

我們可以使用資料的平均數、標準差、資料數量計算出 t 值，因此 t 值是一個可以用來代表手上資料的統計量。**在「虛無假設為真」的條件下，t值代表手上資料位在機率分佈水平軸的哪一個位置。比 t 值還高的區域，也就是圖 4.6.4 的紅色區域面積就是 p 值。**因此 p 值代表在「虛無假設為真」的條件下，獲得比樣本資料還要更極端的機率。以 4.6.3 為例，p 值代表在「虛無假設為真」的條件下，獲得比進貨單價平均數 76 元還高的機率。

　　如果 p 值非常小，代表「在虛無假設為真」的條件下，獲得比樣本資料還要更極端的機率很低，因此有可能「虛無假設為真」這個論述是不成立，因此可能要採納對立假說。以 4.6.3 為例，進貨單價資料所算出來的 p 值要是低於 5% 的顯著水準，就代表我們可能要採納對立假說，也就是進貨單價真的大於 70 元。

---

**圖 4.6.6　p 值告訴我們的事**

● p 值低於顯著水準

　**→採納對立假設**

● p 值高於顯著水準

　**→不拒絕虛無假設**

---

**圖 4.6.7　比較 p 值與顯著水準**

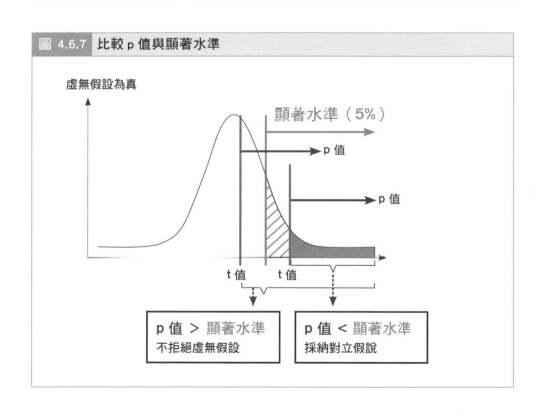

## ▌設定顯著水準時的注意事項

圖 4.6.7 提到「當 p 值低於顯著水準時，要採納對立假設」，但是這不代表虛無假設一定是錯。換言之，即便 p 值很小，還是有發生的機會，因此我們難以斷言虛無假設一定不會發生。身為分析人員的我們必須要認知：就算依據 p 值採納對立假設，實際上虛無假設還是有可能成立。

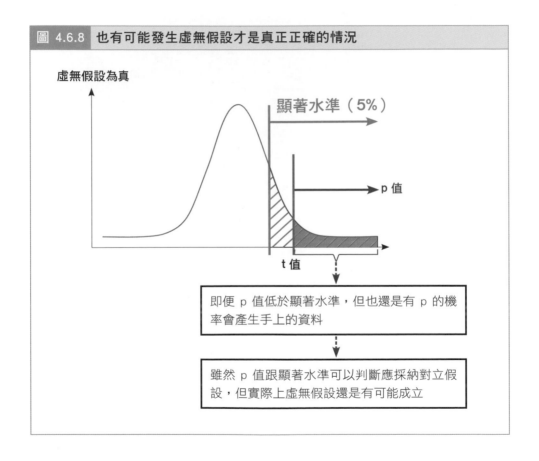

圖 4.6.8　也有可能發生虛無假設才是真正正確的情況

事實上虛無假設是正確，但我們卻採納對立假設，這稱為「型一錯誤」（Type I Error），也有人說「顯著水準是犯型一錯誤的機率」。

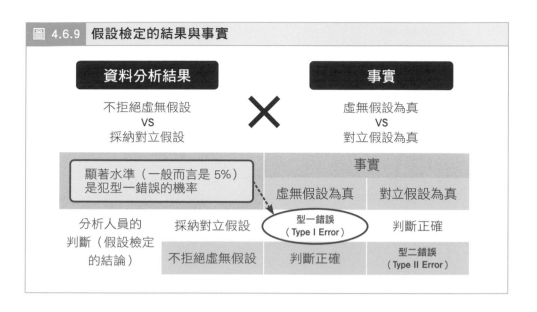

就算已將顯著水準設定在 5% 了，但這也代表執行了 100 次實驗，有可能會出現 5 次的判斷錯誤。而當我們將顯著水準越調越低時，犯型一錯誤的機率就會減少，但是又會造成犯型二錯誤的機率增加，也就是事實上對立假設為真，但是我們將顯著水準設定太低，導致我們只能不拒絕虛無假設。型一錯誤跟型二錯誤其實是無法同時降低。

該如何設定顯著水準，端看應用的場合。不太能容許型一錯誤的問題，比如跟醫學相關的狀況，通常會將顯著水準設定在較低的數值，比如 1%。反之，社會科學類的範疇通常允許設定較高的顯著水準，比如 10%。配合不同行業彈性調整顯著水準，是使用假設檢定做資料分析時非常重要的觀念。

**★小技巧　顯著水準只能是是 1%、5%、10% 嗎？**

其實要用其他顯著水準的數值，比如 3% 還是 6%，也都可以。有一些常用的數值，只是因為過去的研究常用，認為這些數值比較方便。不過，1%、5%、10% 以外的顯著水準不是很常見。

# 4.7 計算 t 值與 p 值

接下來要講解 t 值跟 p 值的計算方式，圖 4.7.1 是計算 t 值跟 p 值時的重點。

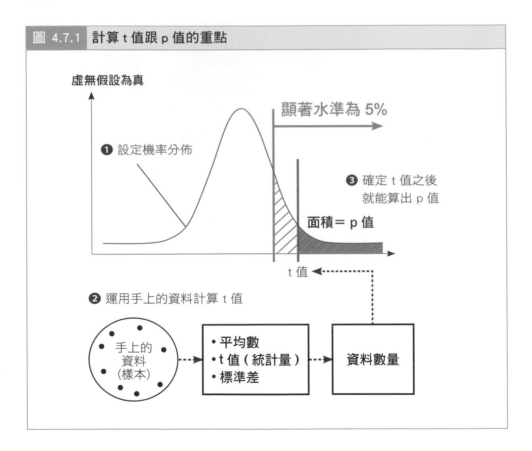

圖 4.7.1 計算 t 值跟 p 值的重點

虛無假設為真

① 設定機率分佈

顯著水準為 5%

③ 確定 t 值之後就能算出 p 值

面積＝ p 值

t 值

② 運用手上的資料計算 t 值

手上的資料（樣本）

・平均數
・t 值（統計量）
・標準差

資料數量

接下來說明計算 t 值的邏輯會比較困難，不過如果可以知道推導過程，後續在使用 Excel 實作時，可以更透徹理解。

## 常態分佈的參數

依照本書 4.5 節講解的中央極限定理，我們已知「進貨單價平均數」會近似常態分佈。假設圖 4.7.2 當中藍色的機率分佈曲線，即是「進貨單價平均數」的機率分佈。本書 4.4 節提過「參數」可以決定機率分佈呈現什麼形狀，而常態分佈的參數是平均數跟標準差。我們想要知道「虛無假設為真」的條件下，產生資料的可能性，因此可以得知圖 4.7.2 當中的常態分佈，平均數要設定成虛無假設中所描述的母體平均數，也就是「進貨單價平均數」真的是 70 元。根據中央極限定理，圖 4.7.2 當中的常態分佈標準差是母體標準差除以 $\sqrt{資料數量}$。所以我們只要知道「母體平均數」、「母體標準差」、「資料數量」，就能知道圖 4.7.2 的常態分佈形狀，也就是「進貨單價平均數」的常態分佈形狀。

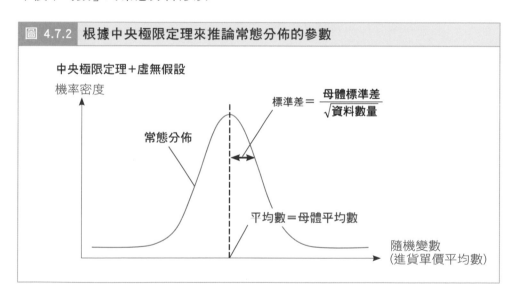

圖 4.7.2 根據中央極限定理來推論常態分佈的參數

圖 4.7.3 常態分佈的參數跟中央極限定理

| 常態分佈的參數 | 中央極限定理 + 虛無假設 |
|---|---|
| ● **平均數**：決定山峰高度 | ● **平均數**＝母體平均數 |
| ● **標準差**：決定山峰寬度 | ● **標準差**＝母體標準差 / $\sqrt{資料數量}$ |

## 標準常態分佈

為了要計算 t 值，我們要將圖 4.7.2 的常態分佈變成「平均數＝0、標準差＝1」的形狀，這稱為「標準化」或是「常態化」。而標準化之後的常態分佈就稱為「標準常態分佈」。

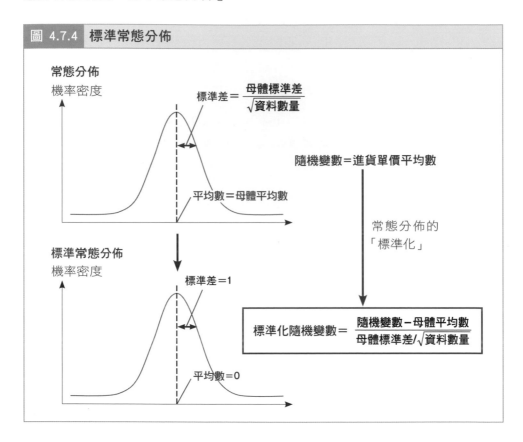

**圖 4.7.4　標準常態分佈**

常態分佈
機率密度

標準差＝ $\dfrac{\text{母體標準差}}{\sqrt{\text{資料數量}}}$

隨機變數＝進貨單價平均數

平均數＝母體平均數

常態分佈的
「標準化」

標準常態分佈
機率密度

標準差＝1

標準化隨機變數＝ $\dfrac{\text{隨機變數－母體平均數}}{\text{母體標準差}/\sqrt{\text{資料數量}}}$

平均數＝0

## 轉換為 t 分佈

想要標準化，就需要知道「母體平均數」、「母體標準差」、「資料數量」。我們想要知道在「虛無假設為真」的情況下，產生我們手上資料的可能性，因此「母體平均數」就是虛無假設中所設定的平均數，即為「進貨單價」為 70 元。而「資料數量」則可以從手上的資料總計即可得知。現在

我們的未知數只剩下「母體標準差」，這時候只能使用手上資料的標準差（即為樣本標準差）來取代。只是，手上資料的標準差並不是母體標準差，因此不能使用常態分佈，而是使用「t 分佈」。

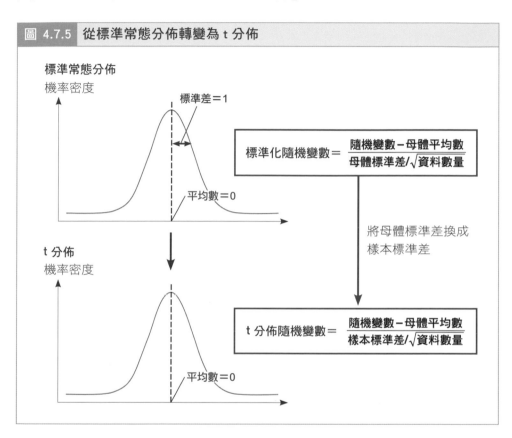

圖 4.7.5　從標準常態分佈轉變為 t 分佈

標準常態分佈
機率密度

標準差＝1

平均數＝0

$$標準化隨機變數 = \frac{隨機變數 - 母體平均數}{母體標準差 / \sqrt{資料數量}}$$

t 分佈
機率密度

平均數＝0

將母體標準差換成樣本標準差

$$t 分佈隨機變數 = \frac{隨機變數 - 母體平均數}{樣本標準差 / \sqrt{資料數量}}$$

## ▍t 分佈跟標準常態分佈幾乎相同

　　將標準常態分佈跟 t 分佈放在一起比較，乍看之下並沒有太大的不同。讀者可能會問：「這樣有需要用 t 分佈嗎」。關鍵在於當資料數量越少，t 分佈的形狀就會越偏離標準常態分佈；反之當資料數量越多時，t 分佈就會越接近標準常態分佈的形狀。若資料數量偏少，有必要使用 t 分佈；如果能獲得 100 筆以上的資料數量，那 t 分佈跟標準常態分佈之間的差異是可以考慮忽略不計。

圖 4.7.6　標準常態分佈與 t 分佈的比較

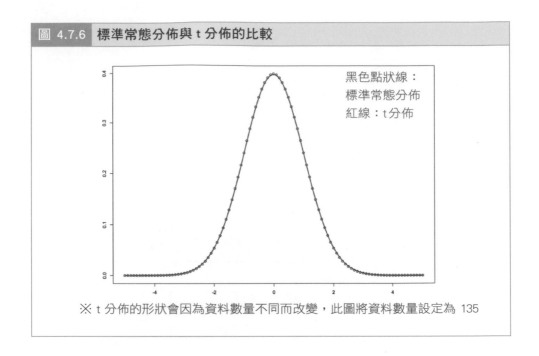

※ t 分佈的形狀會因為資料數量不同而改變，此圖將資料數量設定為 135

因此，本章提到的 t 值，計算方式如下：

圖 4.7.7　計算 t 值 註6

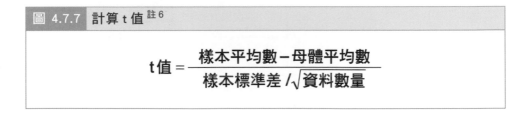

$$t值 = \frac{樣本平均數 - 母體平均數}{樣本標準差 / \sqrt{資料數量}}$$

透過算出的 t 值位在 t 分佈的哪一個位置，即可判斷是否採納對立假設。

t 值又稱為「檢定統計量」。

---

註6　樣本標準差的計算是「每一筆資料減去樣本平均數」後「平方加總」，除以「資料筆數減 1」，最後開根號。

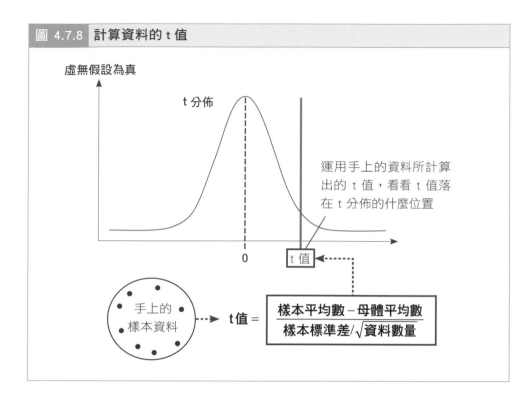

圖 4.7.8　計算資料的 t 值

## 計算 p 值

　　p 值是在「虛無假設為真」的條件下，產生比手上資料還極端的可能性。我們已經建立出「虛無假設為真」的 t 分布，也知道手上的資料所計算出來的 t 值，另外，手上的資料算出來的「進貨單價平均數」比目標值還要高，因此 p 值為「獲得 t 值以上的機率」，此時我們進行的是右尾檢定。以圖 4.7.8 為例，p 值就是 t 值所在的藍色垂直線，右邊的曲線下面積，也就是圖 4.7.9 的紅色區塊（編註：相反地，如果手上的資料算出來的平均數為 64，目標值一樣是 70，此時 p 值為獲得 t 值以下的機率，即為左尾檢定）。

可能會有讀者會問:「既然 t 值可以換算 p 值,那就只需要算 t 值就好了呀?」。確實有可能只算 t 值就知道是否要採納對立假設,我們可以用顯著水準推算 t 的臨界值(critical value),然後將手上的樣本資料算出來的 t 值跟 t 的臨界值比較,即可知道是否要拒絕虛無假設。而本章會以比較 p 值的做法來說明假設檢定。

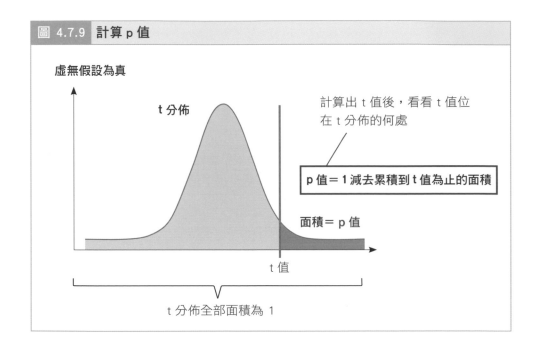

**圖 4.7.9　計算 p 值**

虛無假設為真

t 分佈

計算出 t 值後,看看 t 值位在 t 分佈的何處

p 值＝1 減去累積到 t 值為止的面積

面積＝ p 值

t 值

t 分佈全部面積為 1

計算 t 值跟 p 值的過程看起來有點麻煩。但是不用擔心,接下來就要用 Excel 來幫助我們計算!

───  **重點提醒**  ───

● 進行假設檢定, 需要先知道虛無假設的機率分佈, 接著運用手上的資料來計算 t 值。

● 由於 p 值是 「獲取 t 值以上的機率」 , 因此知道 t 值之後, 就能夠立刻算出 p 值。

# 4.8 運用 Excel 進行假設檢定

開始操作 Excel 之前，我們先將 t 值跟 p 值的計算，整理在圖 4.8.1。

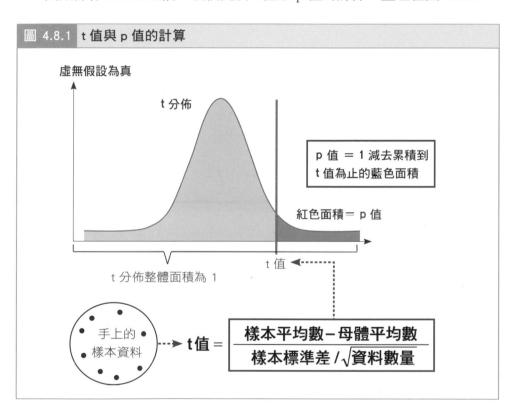

**圖 4.8.1** t 值與 p 值的計算

## 實作：t 檢定

chap4.xlsx：chap4-8

現在要運用 Excel 來執行 t 檢定，請開啟 chap4.xlsx 當中的 chap4-8 工作表。在 A 欄到 C 欄已經放入了蔬果的「進貨單價」資料，我們要運用 C 欄的「進貨單價」資料來算出平均數、標準差、資料數量。chap4-8 工作表上已經放入計算 p 值的步驟：

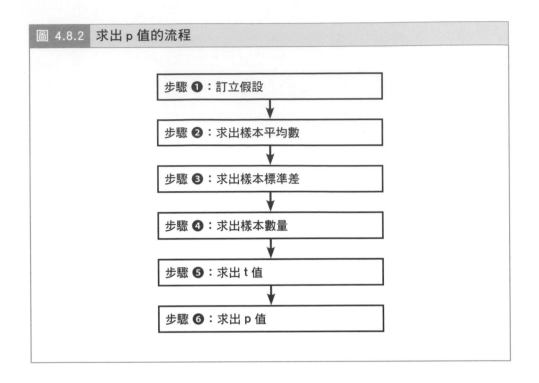

**圖 4.8.2　求出 p 值的流程**

步驟 ❶：訂立假設

步驟 ❷：求出樣本平均數

步驟 ❸：求出樣本標準差

步驟 ❹：求出樣本數量

步驟 ❺：求出 t 值

步驟 ❻：求出 p 值

步驟 ❶：訂立假設。虛無假設是「實際資料是 76 元跟目標值是 70 元之間，這差異**純屬偶然，不具有統計顯著**」，請填入到 F5 儲存格。對立假設是「實際資料是 76 元跟目標值是 70 元之間，這差異**不是偶然**，而是**具有**統計顯著」，請填入到 F6 儲存格。

步驟 ❷：求出樣本平均數。在 F9 儲存格輸入「=AVERAGE(C:C)」，即可計算出平均數為 75.84 元。

步驟 ❸：求出樣本標準差。在 F13 儲存格輸入「=STDEV.S(C:C)」，即可計算出標準差為 22.07 元。

步驟 ❹：求出樣本數量。在 F17 儲存格輸入「=COUNT(C:C)」，即可計算出樣本數量 135 筆。

圖 4.8.3 求出平均數、標準差、樣本數量

| | A | B | C | D | E | F | G | H | I | J | K |
|---|---|---|---|---|---|---|---|---|---|---|---|
| 1 | 商品ID | 商品類型 | 進貨單價 | | | | | | | | |
| 2 | ID_DA07 | 蔬果 | 85 | | 範例1. 使用單一樣本計算t檢定 | | | | | | |
| 3 | ID_DA08 | 蔬果 | 86 | | | | | | | | |
| 4 | ID_DA43 | 蔬果 | 84 | | 步驟1：訂立假設 | ❶ | | | | | |
| 5 | ID_DA44 | 蔬果 | 82 | | 虛無假設 | 實際資料是76元跟目標值是70元之間，這差異純屬偶然，不具有統計顯著 | | | | | |
| 6 | ID_DA55 | 蔬果 | 109 | | 對立假設 | 實際資料是76元跟目標值是70元之間，這差異不是偶然，而是具有統計顯著 | | | | | |
| 7 | ID_DA56 | 蔬果 | 48 | | | | | | | | |
| 8 | ID_DB08 | 蔬果 | 93 | | 步驟2：求出樣本平均數 | | | | | | |
| 9 | ID_DB21 | 蔬果 | 95 | | 樣本平均數= | 75.84 ❷ | | | | | |
| 10 | ID_DB32 | 蔬果 | 42 | | | | | | | | |
| 11 | ID_DB44 | 蔬果 | 79 | | | | | | | | |
| 12 | ID_DB56 | 蔬果 | 72 | | 步驟3：求出樣本標準差 | | | | | | |
| 13 | ID_DB57 | 蔬果 | 86 | | 樣本標準差= | 22.07 ❸ | | | | | |
| 14 | ID_DC08 | 蔬果 | 119 | | | | | | | | |
| 15 | ID_DC32 | 蔬果 | 48 | | | | | | | | |
| 16 | ID_DC33 | 蔬果 | 63 | | 步驟4：求出樣本數量 | | | | | | |
| 17 | ID_DC44 | 蔬果 | 60 | | 樣本數量= | 135 ❹ | | | | | |

步驟❺：求出 t 值。我們在 F21 儲存格填入虛無假設中描述的母體平均數 70 元。我們在 F24 儲存格輸入「=F9 - F21」，得到樣本平均數跟母體平均數假設值的差為 5.84 元。接著，使用已知的樣本標準差跟樣本數量，在 F27 儲存格輸入「=F13/SQRT(F17)」得到 1.9。最後在 F29 儲存格輸入「=F24/F27」，得到 t 值為 3.08。

圖 4.8.4 計算 t 值

| | | | | | | |
|---|---|---|---|---|---|---|
| 8 | ID_DB08 | 蔬果 | 93 | | 步驟2：求出樣本平均數 | |
| 9 | ID_DB21 | 蔬果 | 95 | | 樣本平均數= | 75.84 |
| 10 | ID_DB32 | 蔬果 | 42 | | | |
| 11 | ID_DB44 | 蔬果 | 79 | | | |
| 12 | ID_DB56 | 蔬果 | 72 | | 步驟3：求出樣本標準差 | |
| 13 | ID_DB57 | 蔬果 | 86 | | 樣本標準差= | 22.07 |
| 14 | ID_DC08 | 蔬果 | 119 | | | |
| 19 | [illegible] | [illegible] | [illegible] | | 步驟5：求出[illegible] | |
| 20 | ID_DD09 | 蔬果 | 79 | | | |
| 21 | ID_DD20 | 蔬果 | 47 | | 母體平均數= | 70.00 |
| 22 | ID_DD33 | 蔬果 | 106 | | | |
| 23 | ID_DD57 | 蔬果 | 58 | | 分子 | |
| 24 | ID_DE09 | 蔬果 | 88 | | 樣本平均數 - 母體平均數 = | 5.84 |
| 25 | ID_DE21 | 蔬果 | 51 | | | ❺ |
| 26 | ID_DE32 | 蔬果 | 36 | | 分母 | |
| 27 | ID_DE33 | 蔬果 | 72 | | 樣本標準差/sqrt(樣本數量）= | 1.90 |
| 28 | ID_DE56 | 蔬果 | 60 | | | |
| 29 | ID_DE57 | 蔬果 | 90 | | t值 = 分子/分母 | 3.08 |

步驟 ❻：求出 p 值。我們在 F33 當中輸入「＝F17－1」，就可以算出自由度。接著在 F34 儲存格裡輸入「＝T.DIST（F29,F33,TRUE）」，就可以算出累積機率為 99.87%。最後在 F36 儲存格當中輸入「＝1－F34」，即可算出 p 值為 0.13%。

筆者補充說明：T.DIST 的第一個引數是已經計算出來的 t 值、第 2 個引數是自由度、第 3 個引數放入「TRUE」是因為我們要算累積到 t 值為止的機率，也就是圖 4.8.1 中的藍色區域面積大小。另外，p 值的算式為「1 減掉累積到 t 值的面積」，即為圖 4.8.1 中的紅色區域面積大小。

**圖 4.8.5　求出 p 值**

| | | | | | |
|---|---|---|---|---|---|
| 31 | ID_DF20 | 蔬果 | 90 | **步驟6：求出p值** | |
| 32 | ID_DF21 | 蔬果 | 105 | | |
| 33 | ID_DF44 | 蔬果 | 61 | 自由度（樣本數量-1）= | 134 |
| 34 | ID_DF56 | 蔬果 | 68 | 累積機率 | 99.87% |
| 35 | ID_DF57 | 蔬果 | 107 | | |
| 36 | ID_DG09 | 蔬果 | 109 | p值 = | 0.13% |

❻

**★小技巧　自由度**

4.7 節有提到 t 分佈跟資料數量有關，這是自由度的概念，也就是 t 分佈的參數（常態分佈會因為平均數跟變異數的變化而改變形狀，t 分佈會因為自由度的變化而改變形狀）。圖 4.8.6 中呈現出不同自由度的 t 分佈圖形。這裡自由度是「資料數量減 1」，其原理超過了本書應涉獵的範圍，筆者就先直接拿來計算（編註：有興趣的讀者，可以參考 Hogg, R. V., McKean, J. W., and Craig, A. T. (2019) Introduction to Mathematical Statistics. 8th edn. Boston: Pearson.）。

圖 4.8.6　不同自由度的 t 分佈圖形

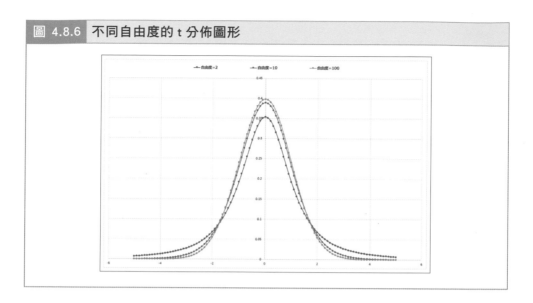

我們設定顯著水準是 5%，因此顯著水準大於 p 值（0.13%），可以考慮採納對立假設。如此一來，以統計學的角度認為「進貨單價」大於 70 元並非偶然發生。

圖 4.8.7　推導結論

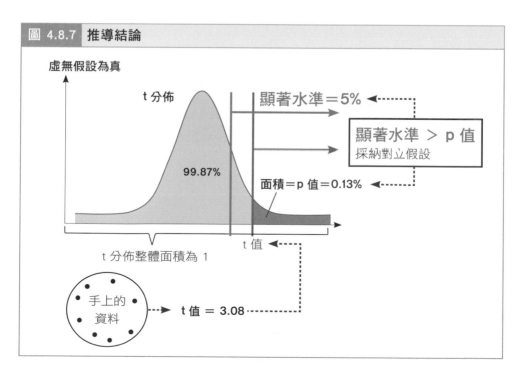

在這次的案例當中，我們運用了手上的資料，得出了「以統計學來說，平均進貨價格大於 70 元」的結論。

似乎需要努力想辦法壓低進貨單價了。

話說回來，假如 p 值算出來是 15% 或 30% 這種超過顯著水準的數值，可能就不拒絕虛無假設，也就是不具備統計顯著。

## 假設檢定的注意事項

我們再來回顧一下 t 值的定義。

| 圖 4.8.11 | t 值的定義 |
|---|---|

$$t值 = \frac{樣本平均數 - 母體平均數}{樣本標準差 / \sqrt{資料數量}}$$

如圖 4.8.11 所示，t 值越大、p 值越小，較可能採納對立假設。然後再看 t 值的分子，當平均數背離母群體的平均數越遠時，t 值就會受到分子的影響而變大，代表當手上的資料所算出的平均數離虛無假設所定義的平均數越遠，較可能採納對立假設。接著再來看看分母，我們可以知道以下的事項。

---

圖 4.8.12　t 值計算中，分母的含意

- 標準差越小，t 值越大（則 p 值越小）。

- 資料數量越大，t 值越大（則 p 值越小）。

---

　　標準差跟資料數量都會對 t 值、p 值產生影響。當樣本平均數背離母體平均數、樣本標準差較小、資料數量較大，p 值都會變小，也就越可能採納對立假設。

在向上級報告時，運用了假設檢定的分析結果，通常會被問到為什麼平均數明明沒有（跟虛無假設的平均數）差很多，怎麼結果會是有統計顯著？這其實是因為假設檢定也考量了標準差、以及資料數量的關係。

原來如此！要是被問到的話，我就可以使用 t 值跟 p 值的定義回答了！

# 4.9 運用分析工具箱進行兩組獨立樣本 t 檢定

## 比較的對象有兩個的時候

　　本書 4.8 節當中，我們針對單一樣本，也就是「商品類型為蔬果的進貨單價」進行了檢定。不過，若是其他檢定方法時，這樣一次又一次的計算，就不是很理想。這個時候，可以使用 Excel 的**分析工具箱**。請讀者開啟 chap4.xlsx 的 chap4-9 工作表，裡面的 B 欄到 E 欄已經分別放入了 A 公司與 B 公司兩家零售商所購入的商品進貨單價，我們要來進行「兩組樣本的 t 檢定」。我們一樣要用假設檢定，來了解「A 公司與 B 公司同款商品的進貨單價是否真的存在差異呢」。

**圖 4.9.1　A 公司與 B 公司每款商品的進貨單價**

| 商品ID | 進貨單價 | 商品ID | 進貨單價 |
|---|---|---|---|
| | A公司 | | B公司 |
| ID_DN23 | 93 | ID_DH26 | 83 |
| ID_DO11 | 159 | ID_DH50 | 79 |
| ID_DO23 | 38 | ID_DI14 | 87 |
| ID_DP11 | 96 | ID_DI26 | 68 |
| ID_DP23 | 106 | ID_DI50 | 71 |
| ID_DP59 | 97 | ID_DJ26 | 127 |
| ID_DQ11 | 82 | ID_DK38 | 109 |
| ID_DQ23 | 88 | ID_DL26 | 62 |
| ID_DQ59 | 49 | ID_DL38 | 73 |

　　本書 4.8 節的假設檢定是要了解「蔬果的平均進貨單價是否大於 70 元」，由於我們只比較一組資料（群體）中的數值，這在統計學上稱之為「獨立樣本 t 檢定」。本節換成了比較「A 公司與 B 公司的商品」這種兩組資料（群體）的平均數時，則稱為「兩組獨立樣本 t 檢定」。如圖 4.9.2 所呈現的樣貌，透過比較 A 公司與 B 公司的商品「進貨單價平均數」分佈，進而確認有無差異。

**圖 4.9.2　兩組獨立樣本 t 檢定示意圖**

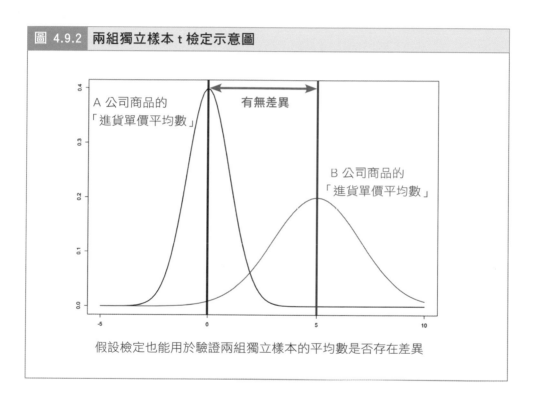

假設檢定也能用於驗證兩組獨立樣本的平均數是否存在差異

## ▌實作：兩組獨立樣本 t 檢定　　　chap4.xlsx：chap4-9

　　獨立樣本跟兩組獨立樣本的檢定差異，並沒有太大的不同。我們就直接借助 Excel 的分析工具箱，不再一一介紹檢定流程。

## 選擇檢定方法

步驟 **❶**：點選 Excel 的**資料**頁籤。

步驟 **❷**：點選**資料分析**，就會彈出**資料分析**視窗。

步驟 **❸**：在視窗中我們選擇 **t 檢定：兩個母體平均數差的檢定，假設變異數不相等**。

步驟 **❹**：點選**確定**。

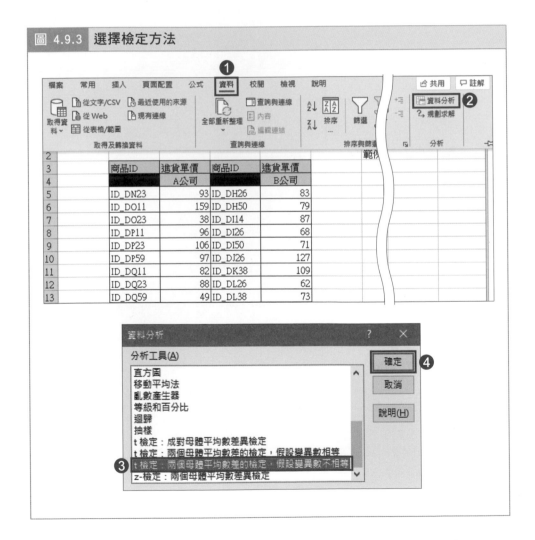

圖 4.9.3 選擇檢定方法

> **★小技巧**　「兩個母體平均數差的檢定，假設變異數不相等」是什麼意思？
>
> 這裡選擇的分析工具叫做「**兩個母體平均數差的檢定，　假設變異數不相等**」，但這是代表什麼意思呢？正確來說，兩組樣本資料的變異數相等與否，會影響檢定當中的計算方式。基本上變異數鮮少會有相等的情況，因此實務上操作時通常選擇「變異數不相等」。另外，分析工具當中還有「**z 檢定：兩個母體平均數差異檢定**」，這是已知變異數為前提來進行的檢定，但鮮少存在已知母體變異數的情境，因此實際上幾乎派不上用場。基本上在實務面臨的問題，選擇「**兩個母體平均數差的檢定，　假設變異數不相等**」通常比較合適。

## 指定輸入

步驟 **❺**：點選在 t 檢定：**兩個母體平均數差的檢定，假設變異數不相等**的視窗，**輸入**的區域中**變數 1 的範圍**右邊的 ⬆。

步驟 **❻**：選擇 A 公司進貨單價 C4 到 C36 儲存格。

步驟 **❼**：點選 ⬇。

步驟 **❽**：**變數 2 的範圍**右邊的 ⬆。

步驟 **❾**：選擇 B 公司進貨單價 E4 到 E41 儲存格。

步驟 **❿**：點選 ⬇。

---

**圖 4.9.4　指定輸入**

接下頁

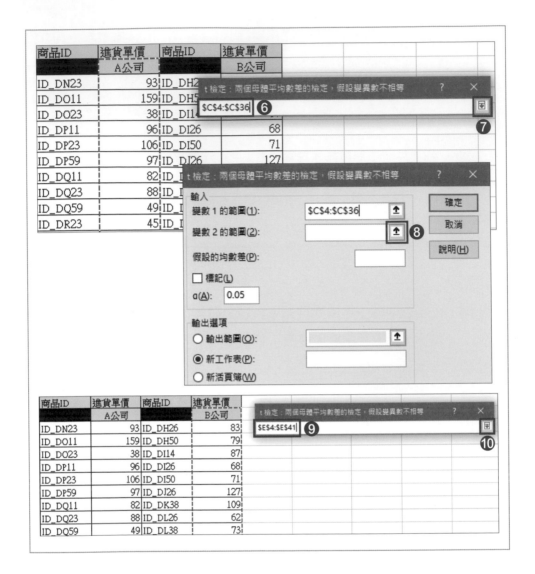

## 指定平均數差與顯著水準

步驟 ⑪： 由於我們想要知道 A 公司與 B 公司的差異是否為 0，因此**假設的均數差**輸入「0」。

步驟 ⑫： 因為我們所選的資料範圍，第一列是標題列的關係，所以還要將**標記**打勾。

步驟 ⑬： 顯著水準 $\alpha$ 設定為「0.05」。

圖 4.9.5 指定平均數差與顯著水準

t 檢定：兩個母體平均數差的檢定，假設變異數不相等　?　×

輸入

變數 1 的範圍(1):　　　　$C$4:$C$36

變數 2 的範圍(2):　　　　$E$4:$E$41

假設的均數差(P):　　　　　　⓫ 0

⓬ ☑ 標記(L)

α(A):　　0.05　⓭

輸出選項

○ 輸出範圍(O):

◉ 新工作表(P):

○ 新活頁簿(W)

確定

取消

說明(H)

## 指定輸出

步驟 ⓮：點選**輸出選項**區域的**輸出範圍**右邊的 ⬆ 。

步驟 ⓯：選擇 G3 儲存格。

步驟 ⓰：點選 ⬇ 。

步驟 ⓱：按下**確定**。

圖 4.9.6 指定輸出

t 檢定：兩個母體平均數差的檢定，假設變異數不相等　?　×

輸入

變數 1 的範圍(1):　　　　$C$4:$C$36

變數 2 的範圍(2):　　　　$E$4:$E$41

假設的均數差(P):　　　　　0

☑ 標記(L)

α(A):　　0.05

輸出選項

◉ 輸出範圍(O):　　　　　　　⬆ ⓮

○ 新工作表(P):

○ 新活頁簿(W)

接下頁

## 確認計算結果

結果如圖 4.9.7 所呈現，這邊要確認的有兩個地方：「兩組資料的平均數」跟「假設檢定所算出的 p 值」。首先看到 A 公司與 B 公司的平均數，A 公司為 74.4、B 公司為 86.6，顯然 B 公司的單價比較高。接著，「P(T<=t) 雙尾」則是 0.049（4.9%），只低於顯著水準 5% 一點點。所以，我們該如何解讀這個結果呢？

---

編註 「單尾」的意思是只看「高太多」或是只看「低太多」的狀況，如圖 4.6.3 就是只檢查「進貨單價」是否比目標值 70 元高太多，如果「進貨單價」比 70 元高太多，就有可能會採納對立假說，又稱為「右尾檢定」。另外，如果我們想要知道「進貨單價」是否比目標值 70 元低很多，我們可以使用單尾檢定中的「左尾檢定」。而「雙尾」的意思是「高太多」以及「低太多」，都可能會採納對立假說。

---

　　原則上「顯著水準＞p 值」，我們就要採納對立假設，因此表示 A 公司與 B 公司的「進貨單價」差異有統計顯著，接著就要找出「進貨單價」為何出現差異的原因，並試圖改善。

圖 4.9.7　**兩組獨立樣本 t 檢定的輸出結果**

| 範例2.以「分析工具箱」計算成對樣本t檢定 | | |
| --- | --- | --- |
| t 檢定：兩個母體平均數差的檢定，假設變異數不相等 | | |
| | A公司 | B公司 |
| 平均數 | 74.4375 | 86.6486486 |
| 變異數 | 848.383065 | 379.734234 |
| 觀察值個數 | 32 | 37 |
| 假設的均數差 | 0 | |
| 自由度 | 53 | |
| t 統計 | -2.0136307 | |
| P(T<=t) 單尾 | 0.02456899 | |
| 臨界值：單尾 | 1.67411624 | |
| P(T<=t) 雙尾 | 0.04913797 | |
| 臨界值：雙尾 | 2.005746 | |

A 公司為 74.4、
B 公司為 86.6，
平均數存在差異

p 值為 4.9%，
低於顯著水準 5%

研判 A 公司與 B 公司的
「進貨單價」存在著差異。

要是 p 值大於顯著水準的話，又該怎麼解讀才好呢？

顯著水準只是作為「採納對立假設的判斷出錯的機率（型一錯誤）」而設定為 5%。如果 p 值大於顯著水準，那就無法拒絕虛無假設。

也就是說，顯著水準只告訴我們「檢定後採納對立假設但實際上是虛無假設為真」的可能性，無法知道「檢定後不拒絕虛無假設但實際上是對立假設為真」的可能性？

是的。我們所使用的假設檢定，目前只能這樣。

# 4.10 確定現象之間的相關性

本章的最後一節要來介紹另一個常用的檢定方法：「卡方檢定（Chi-squared test）」。卡方檢定是用於分析類別變數的方法，而 t 檢定是分析數值變數的方法。卡方檢定的計算邏輯雖然困難，但其實 Excel 可以幫我們處理計算過程！

某家網路商城希望透過變更網站介面的設計來提升轉換率（conversion rate, CVR），因此進行了 A/B 測試，**chap4.xlsx** 的 **chap4-10** 工作表中已經彙整測試後的資料，我們要以統計學上的假設檢定來驗證他們的測試結果。

## ▍A/B 測試

A/B 測試盡可能將用戶分成 A 群體及 B 群體，一邊採用舊的策略，另一邊採用新的策略，藉此來檢視兩者不同做法所帶來的差異。在本次的案例中，將會把瀏覽電商網站的用戶隨機分成 A 群體及 B 群體，A 群體看見的網站是「舊介面設計」，B 群體看見的則是「新介面設計」。最後的轉換率，A 群體有 1.0%，B 群體則有 1.9%。接下來要運用統計學方法，來分析這樣的差距究竟是偶然產生，或是具有統計顯著。

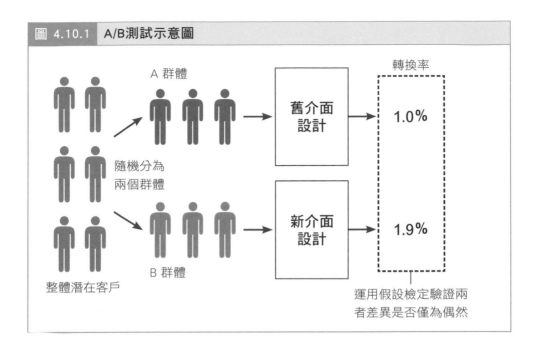

圖 4.10.1　A/B測試示意圖

## ▌卡方檢定

我們想要知道「介面設計的新舊」跟「轉換率」之間是否存在相關性，可以運用統計學當中「卡方檢定」這個假設檢定方法[註7]。假設檢定要從設定虛無假設跟對立假設，設定方式如圖 4.10.2。

## ▌何謂獨立

我們要確認「某種現象（此案例中為網頁介面設計），跟另一現象（此案例中為轉換率）的相關性」，如果「新舊網頁介面設計」跟「轉換率」這兩個現象是各自獨立（無關）的話，則可以說「設計的差異與否並不會對轉換率造成影響」；反之，要是「新舊介面設計」跟「轉換率」這兩個現象並非獨立（有關）的話，則可以說是「設計的差異會對轉換率造成影響」。

註7　也稱「獨立性檢定」。卡方檢定可以用來檢視兩個事件是否有同樣的意義。

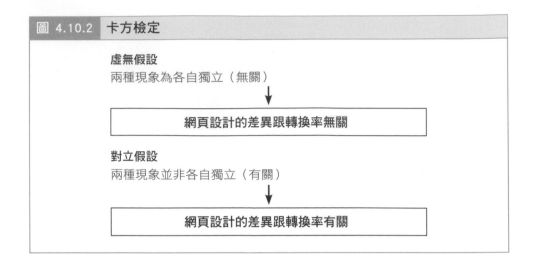

圖 4.10.2　卡方檢定

**虛無假設**
兩種現象為各自獨立（無關）

↓

網頁設計的差異跟轉換率無關

**對立假設**
兩種現象並非各自獨立（有關）

↓

網頁設計的差異跟轉換率有關

這裡要注意的是，卡方檢定頂多就是用來確認「兩種現象是否有關」，無從得知兩種現象是否存在著因果關係。

## ▌期望次數

在練習檔 chap4.xlsx 中的 chap4-10 工作表，B10 到 E14 儲存格當中已經放入介面設計（新舊與否）跟轉換率（離開或註冊）的資料。這是實際測量的結果，但在卡方檢定當中，我們還需要知道「期望次數」，進而研判差異是否顯著。

從圖 4.10.3 來看，新舊介面設計合計的「離開人數」跟「註冊人數」的比例約略是「98.5%」跟「1.5%」。也就是說，如果設計跟轉換率毫無關係的話，那麼無論是舊的設計還是新的設計，兩種設計的「離開人數」跟「註冊人數」的比例都會是「98.5%」跟「1.5%」。

於是，如果設計跟轉換率毫無關係的話，A 群體（使用舊設計）的 2000 人，離開人數應該要有 1971 人，註冊人數應該要有 29 人。同理，B 群體（使用新設計）的 2,100 人，離開人數應該要有 2069 人，註冊人數應該要有 31 人。這稱為期望次數。

如果實際測量的結果，跟期望次數不同，就表示可能因為設計的不同所影響。我們現在就要基於實際測量跟期望次數，透過卡方檢定，來得知這些不同點是否具有統計顯著，也就是想要知道「兩種現象是否各自獨立（無關）」。

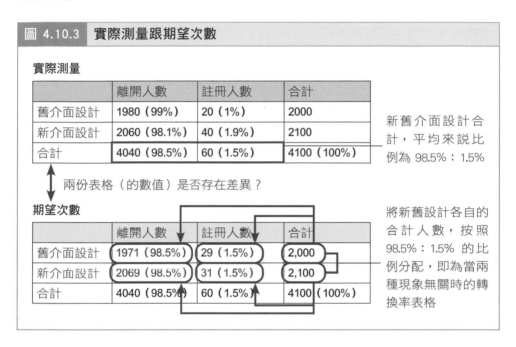

圖 4.10.3　實際測量跟期望次數

實際測量

|  | 離開人數 | 註冊人數 | 合計 |
|---|---|---|---|
| 舊介面設計 | 1980（99%） | 20（1%） | 2000 |
| 新介面設計 | 2060（98.1%） | 40（1.9%） | 2100 |
| 合計 | 4040（98.5%） | 60（1.5%） | 4100（100%） |

新舊介面設計合計，平均來說比例為 98.5%：1.5%

兩份表格（的數值）是否存在差異？

期望次數

|  | 離開人數 | 註冊人數 | 合計 |
|---|---|---|---|
| 舊介面設計 | 1971（98.5%） | 29（1.5%） | 2,000 |
| 新介面設計 | 2069（98.5%） | 31（1.5%） | 2,100 |
| 合計 | 4040（98.5%） | 60（1.5%） | 4100（100%） |

將新舊設計各自的合計人數，按照 98.5%：1.5% 的比例分配，即為當兩種現象無關時的轉換率表格

## ▌卡方值與卡方分佈

根據實際測量跟期望次數中，新舊設計的「離開人數」以及「註冊人數」所計算出的統計量，稱為「卡方值」，卡方值是依循著卡方機率分佈，因此這個檢定方法才會稱為卡方檢定。

當我們計算出卡方值，就能知道此卡方值位在卡方分佈的位置，接著計算得出比該卡方值更極端數值的出現機率，也就是 p 值。當 p 值低於顯著水準（這裡也一樣設定為 5%）時，就表示「兩種現象為各自獨立（無關）」發生的可能性較低，因此就能採納對立假設，即為「設計跟轉換率有關」。反之，當 p 值高於顯著水準時，則不拒絕虛無假設，即為「設計跟轉換率無關」。

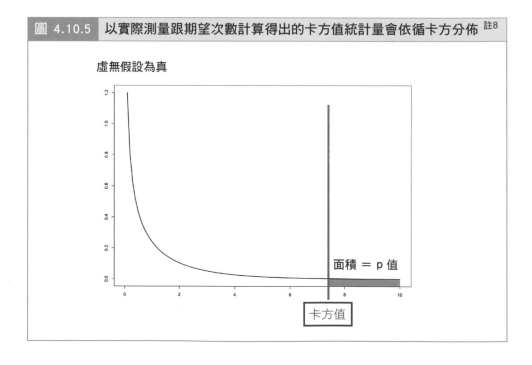

**圖 4.10.4 運用實際測量與期望次數的差異計算出卡方值**

**實際測量**

| | 離開人數 | 註冊人數 | 合計 |
|---|---|---|---|
| 舊介面設計 | 1980（99%） | 20（1%） | 2000 |
| 新介面設計 | 2060（98.1%） | 40（1.9%） | 2100 |
| 合計 | 4040（98.5%） | 60（1.5%） | 4100（100%） |

運用數值的差異所計算出的統計量 → 卡方值

**期望次數**

| | 離開人數 | 註冊人數 | 合計 |
|---|---|---|---|
| 舊介面設計 | 1971（98.5%） | 29（1.5%） | 2,000 |
| 新介面設計 | 2069（98.5%） | 31（1.5%） | 2,100 |
| 合計 | 4040（98.5%） | 60（1.5%） | 4100（100%） |

**圖 4.10.5 以實際測量跟期望次數計算得出的卡方值統計量會依循卡方分佈** [8]

虛無假設為真

面積 = p 值

卡方值

註8 卡方分佈也有「參數」，分佈的形狀也會隨著表格內的數值變化而有所改變。本次所呈現的卡方分佈圖形是依照對應了 2 x 2 表格時，對應的參數進行繪製。

# 實作：卡方檢定

## 計算期望次數

C18 到 D19 儲存格是我們預計放入期望次數的計算結果。只要將舊介面設計跟新介面設計的 2,000 人跟 2,100 人按照「98.5%」跟「1.5%」的比例進行分配即可。

步驟 **❶**：C18 儲存格輸入「=E11\*C14」。

步驟 **❷**：D18 儲存格輸入「=E11\*D14」。

步驟 **❸**：C19 儲存格輸入「=E12\*C14」。

步驟 **❹**：D19 儲存格輸入「=E12\*D14」。

---

**圖 4.10.6　求出期望次數**

| 範例1.以卡方檢定為網路商城〈電商網站〉的A/B測試效果做出結論 | | | | |
|---|---|---|---|---|
| **AB測試範例** | | | | |
| | 訪問人數 | 離開人數 | 註冊人數 | 轉換率 |
| 舊介面設計 | 2000 | 1980 | 20 | 1.0% |
| 新介面設計 | 2100 | 2060 | 40 | 1.9% |
| | | | | |
| **觀察值** | | | | |
| | 離開人數 | 註冊人數 | 合計 | |
| 舊介面設計 | 1980 | 20 | 2000 | |
| 新介面設計 | 2060 | 40 | 2100 | |
| 合計 | 4040 | 60 | 4100 | |
| 比例 | 98.54% | 1.46% | 100% | |
| | | | | |
| **期望次數** | | | | |
| | 離開人數 | 註冊人數 | 合計 | |
| 舊介面設計 ❶ | 1,971 | 29 ❷ | 2,000 | |
| 新介面設計 ❸ | 2,069 | 31 ❹ | 2,1... | |
| 合計 | 4,040 | 60 | 4100 | |
| 比例 | 98.54% | 1.46% | 100% | |

儲存格**C18**（舊介面設計總人數 × 離開人數比例）＝**E11\*C14**

儲存格**D18**（舊介面設計總人數 × 註冊人數比例）＝**E11\*D14**

儲存格**C19**（新介面設計總人數 × 離開人數比例）＝**E12\*C14**

儲存格**D19**（新介面設計總人數 × 註冊人數比例）＝**E12\*D14**

## 計算 p 值

我們使用 Excel 當中的 CHISQ.TEST 函數來計算 p 值，CHISQ.TEST 函數第一個引數為實際測量的儲存格範圍，在此範例為 C11 到 D12 儲存格；第二個引數是期望次數的儲存格範圍，C18 到 D19 儲存格。

步驟 ❺：在 C25 儲存格輸入「=CHISQ.TEST(C11:D12,C18:D19)」

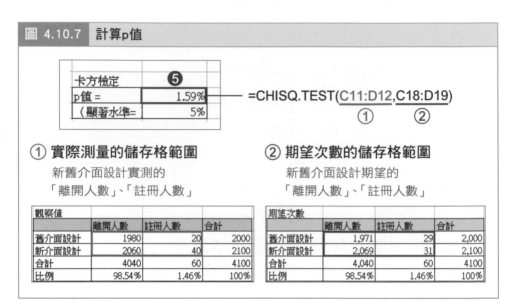

**圖 4.10.7　計算p值**

| 卡方檢定 | ❺ |
|---|---|
| p值 = | 1.59% |
| 〈顯著水準= | 5% |

=CHISQ.TEST(C11:D12,C18:D19)
　　　　　　　①　　　②

**① 實際測量的儲存格範圍**
新舊介面設計實測的
「離開人數」、「註冊人數」

**② 期望次數的儲存格範圍**
新舊介面設計期望的
「離開人數」、「註冊人數」

| 觀察值 | 離開人數 | 註冊人數 | 合計 |
|---|---|---|---|
| 舊介面設計 | 1980 | 20 | 2000 |
| 新介面設計 | 2060 | 40 | 2100 |
| 合計 | 4040 | 60 | 4100 |
| 比例 | 98.54% | 1.46% | 100% |

| 期望次數 | 離開人數 | 註冊人數 | 合計 |
|---|---|---|---|
| 舊介面設計 | 1,971 | 29 | 2,000 |
| 新介面設計 | 2,069 | 31 | 2,100 |
| 合計 | 4,040 | 60 | 4100 |
| 比例 | 98.54% | 1.46% | 100% |

## 推導結論

p 值計算結果為 1.59%，低於顯著水準 5%，所以可以採納對立假設，也就是「設計跟轉換率有關」。如此一來，我們可以說根據 A/B 測試以及統計學的假設檢定，這次的設計變更，可以增加「註冊人數」，故可推斷此策略應為有效。

### 假設檢定的重點提醒！

● 一開始要先設定虛無假設跟對立假設。

● 運用手上的資料求出 p 值。

● 比較顯著水準跟 p 值，研判是否可以採納對立假設。

# Chapter 5

## 藉由資料預處理
## 增進資料分析效率

# 5.1 處理缺失值

運用資料視覺化跟假設檢定，就能在工作上做出具有說服力的提案了。

對呀！如果還能善用迴歸分析跟數學最佳化，那大部分工作所需的資料分析都能夠應付得來了唷！

看來還有好一段路要走。

說明其他分析方法之前，我們先來看看「資料預處理」。透過預先處理好離群值、缺失值，都可以讓資料分析更加順利。

**資料預處理能做到的事情**

☑ 刪除空白資料

☑ 統一寫法不一致的情況

☑ 處理離群值（outlier）跟異常值

☑ 將類別變數（categorical variable）轉換為虛擬變數（dummy variable）

## ▌缺失值

缺失值是指「應有數值卻未填入任何數值的儲存格」，換句話說就是**「應該要有資料卻未被填入」**。有時候缺失值可能已經填入了「NA」等文字，不見得都是保留空白。

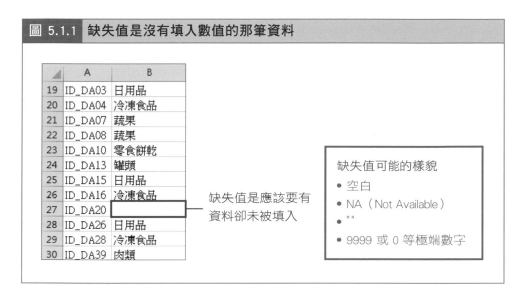

**圖 5.1.1 缺失值是沒有填入數值的那筆資料**

| | A | B |
|---|---|---|
| 19 | ID_DA03 | 日用品 |
| 20 | ID_DA04 | 冷凍食品 |
| 21 | ID_DA07 | 蔬果 |
| 22 | ID_DA08 | 蔬果 |
| 23 | ID_DA10 | 零食餅乾 |
| 24 | ID_DA13 | 罐頭 |
| 25 | ID_DA15 | 日用品 |
| 26 | ID_DA16 | 冷凍食品 |
| 27 | ID_DA20 | |
| 28 | ID_DA26 | 日用品 |
| 29 | ID_DA28 | 冷凍食品 |
| 30 | ID_DA39 | 肉類 |

缺失值是應該要有資料卻未被填入

缺失值可能的樣貌
- 空白
- NA（Not Available）
- ""
- 9999 或 0 等極端數字

記得跟資料的管理人員一起處理缺失值！

## ▌實作：查出有多少個缺失值　chap5.xlsx：chap5-1-1　chap5.xlsx：chap5-1-2

我們拿先前的資料來確認看看裡面有無缺失值，chap5-1-1 工作表當中的 A 欄與 B 欄是「商品 ID」跟「商品類別」。如果我們已經知道資料總共有多少筆，那只需要計算「商品 ID」跟「商品類別」分別有多少資料，就可以知道缺失值。若不知道資料總共多少筆，可以考慮比較「商品 ID」筆數跟「商品類別」筆數，看看是否有差異，來得知其中是否有欄位含有缺失值。

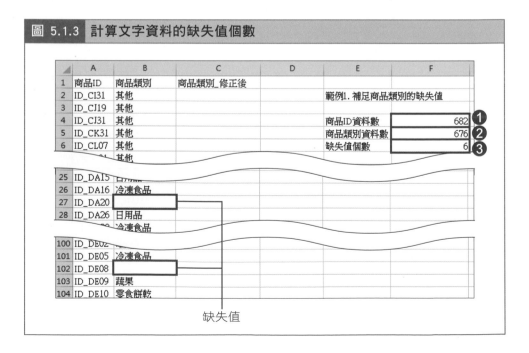

圖 5.1.2　確認缺失值

| | A | B | C | D | E | F |
|---|---|---|---|---|---|---|
| 1 | 商品ID | 商品類別 | 商品類別_修正後 | | | |
| 2 | ID_CI31 | 其他 | | | 範例1. 補足商品類別的缺失值 | |
| 3 | ID_CJ19 | 其他 | | | | |
| 4 | ID_CJ31 | 其他 | | | 商品ID資料數 | |
| 5 | ID_CK31 | 其他 | | | 商品類別資料數 | |
| | | 其他 | | | 缺失值個數 | |
| 681 | ID_RY2 | | | | | |
| 682 | ID_RZ11 | 軟性飲料 | | | | |
| 683 | ID_RZ24 | 軟性飲料 | | | | |

「商品ID」筆數 ─「商品類別」筆數 ＝ 缺失值的數量

　　「商品 ID」跟「商品類別」都是文字資料，所以要用 COUNTA 函數來求出筆數，方法如下。

步驟❶：在 F4 儲存格輸入「=COUNTA(A2:A683)」。

步驟❷：在 F5 儲存格輸入「=COUNTA(B2:B683)」。

步驟❸：在 F6 儲存格輸入「=F4-F5」。

圖 5.1.3　計算文字資料的缺失值個數

| | A | B | C | D | E | F | |
|---|---|---|---|---|---|---|---|
| 1 | 商品ID | 商品類別 | 商品類別_修正後 | | | | |
| 2 | ID_CI31 | 其他 | | | 範例1. 補足商品類別的缺失值 | | |
| 3 | ID_CJ19 | 其他 | | | | | |
| 4 | ID_CJ31 | 其他 | | | 商品ID資料數 | 682 | ❶ |
| 5 | ID_CK31 | 其他 | | | 商品類別資料數 | 676 | ❷ |
| 6 | ID_CL07 | 其他 | | | 缺失值個數 | 6 | ❸ |
| | | 其他 | | | | | |
| 25 | ID_DA15 | 日用品 | | | | | |
| 26 | ID_DA16 | 冷凍食品 | | | | | |
| 27 | ID_DA20 | | | | | | |
| 28 | ID_DA26 | 日用品 | | | | | |
| | | 冷凍食品 | | | | | |
| 100 | ID_DE02 | | | | | | |
| 101 | ID_DE05 | 冷凍食品 | | | | | |
| 102 | ID_DE08 | | | | | | |
| 103 | ID_DE09 | 蔬果 | | | | | |
| 104 | ID_DE10 | 零食餅乾 | | | | | |

缺失值

可以發現有 6 個缺失值。再來我們來找 chap5-1-2 工作表當中的 B 欄「重量」的缺失值個數，計算數值資料的個數要使用 COUNT 函數。

步驟 ❶：在 F4 儲存格輸入「=COUNTA(A2:A683)」。

步驟 ❷：在 F5 儲存格輸入「=COUNT(B2:B683)」。

步驟 ❸：在 F6 儲存格輸入「=F4-F5」。

**圖 5.1.4　計算數值資料的缺失值個數**

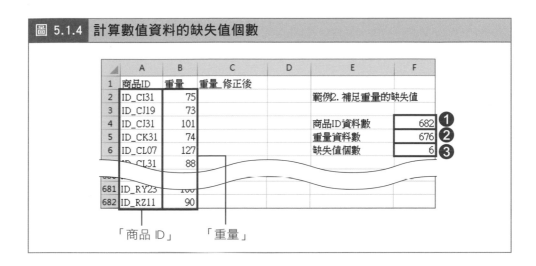

無論是文字資料、還是數值資料，得出的缺失值數量都是 6。即便存在著缺失值，Excel 還是可以進行敘述統計的計算，其他的軟體就有可能因為缺失值而導致計算錯誤。保險起見，我們要處理資料當中的缺失值。

---

**★ 小技巧　如何區分 COUNT 函數跟 COUNTA 函數的使用場合**

剛剛使用了 **COUNT** 跟 **COUNTA** 這 2 個函數，它們都用來計算數量。這兩者的差異在於：**COUNT** 函數是「計算指定範圍當中有放入數值的儲存格數量」，而 **COUNTA** 函數則是「計算指定範圍當中非空白儲存格的數量」。所以當我們要確認資料裡是否有缺少了文字內容時，就選用了 **COUNTA** 函數，而針對數值的缺失值則用 **COUNT** 函數。

**COUNTA** 函數認為 ""、0、NA 不是缺失值，只有空白儲存格才是缺失值，請多加留意。

# 如何處理缺失值

## 類別變數的處理方法

　　處理缺失值的方法有很多種，接下來會介紹幾個常用方法。最好的方法是可以回頭找資料來源，若無法溯源，最簡單的方法就是「刪除含有缺失值的那一列所有資料」，但缺點就是會減少用於分析的資料，如果缺失值的數量很少，才能考慮直接刪除的方法。

　　如果不想刪除資料，也沒辦法溯源，那就要考慮進行填補。缺失值如果是出現在類別變數，因為類別變數無法計算如平均數、中位數這些數值，所以跟處理數值變數的方法不同（稍後會提數值變數的處理）。或是，可以將類別變數轉換為數值變數。接著直接套用數值變數的處理方法。具體來說，圖 5.1.5 整理了常用的類別變數缺失值處理方法。

---

**圖 5.1.5　處理類別變數缺失值**

- 方法 1：刪除含有缺失值的資料。
- 方法 2：用出現頻率最高的項目來填補含有缺失值的資料。
- 方法 3：用「此為缺失值」或「其他」等內容來填補缺失值欄位。
- 方法 4：將類別變數轉換成數值變數，使用數值變數的處理方法。

---

**★小技巧　什麼是類別變數**

變數基本上分為數值變數（量、quantitative）和類別變數（質、qualitative）。數值變數又分成離散和連續，離散是計數型（沒有小數點），連續是有小數點。而類別變數指的是非數值的變數。舉例來說，當我們用一個變數來表示性別，可能的值有「男性」、「女性」、「其他」；用一個變數來表示方位，可能的值有「東」、「西」、「南」、「北」。這類變數不是呈現 1、2、3、3.1、3.01、…，而是呈現數個項目，稱為類別變數。

　　我們要依照手上的資料狀況，來決定如何處理缺失值。比如，當某個類別變數有 95% 都是某個項目，只有剩下不到 5% 是其他項目，此時可以考慮使用方法 2 來填補缺失值。

## 數值變數的處理方法

　　由於數值變數可以計算敘述統計，因此能透過下述的方式來填補缺失值。

| 圖 5.1.6　處理數值變數缺失值 |
| --- |
| ● 方法 1：刪除含有缺失值的資料。<br><br>● 方法 2：用 0 來填補，適用於此變數大多時候數值為 0，或者接近 0。<br><br>● 方法 3：用平均數來填補，適用於當平均數可以代表整體資料的特徵。<br><br>● 方法 4：用中位數來填補，適用於當中位數可以代表整體資料的特徵。 |

　　要用哪種方法來填補資料，一樣是要依照資料的狀況。

| ★ 小技巧　利用預測來填補缺失值 |
| --- |
| 我們可以建立預測模型，運用不包含缺失值的資料去預測缺失值當中應填入的數值為何，就能補足缺少資料的欄位。其實還有許多填補缺失值的方法，不過讀者可以先理解書中所講解的方法，建立好資料預處理的基礎後，再進一步學習更多不同的技術。 |

## ▌實作：填補類別變數的缺失值

開啟 chap5.xlsx 中的 chap5-1-1 工作表，我們從圖 5.1.5 列出的方法中選擇一個來練習填補「商品類別」的缺失值。這裡考慮使用方法 2，我們先來運用樞紐分析來看看出現頻率最高的類別是哪一個。在 chap5-1-1 工作表的 E8 到 F21 儲存格已經預先放入了做好的樞紐分析表（圖 5.1.7）可以看出「蔬果」是出現最多次的類別，於是就以「蔬果」來填補缺失值。

---

**圖 5.1.7  使用樞紐分析表確認出現次數最高的類別**

| | A | B | C | D | E | F |
|---|---|---|---|---|---|---|
| 1 | 商品ID | 商品類別 | 商品類別_修正後 | | | |
| 2 | ID_CI31 | 其他 | | | 範例1. 補足商品類別的缺失值 | |
| 3 | ID_CJ19 | 其他 | | | | |
| 4 | ID_CJ31 | 其他 | | | 商品ID資料數 | 682 |
| 5 | ID_CK31 | 其他 | | | 商品類別資料數 | 676 |
| 6 | ID_CL07 | 其他 | | | 缺失值個數 | 6 |
| 7 | ID_CL31 | 其他 | | | | |
| 8 | ID_CM07 | 其他 | | | 列標籤　▼ | 計數 - 商品類別 |
| 9 | ID_CM19 | 其他 | | | 日用品 | 67 |
| 10 | ID_CM43 | 其他 | | | 肉類 | 56 |
| 11 | ID_CN14 | 其他 | | | 冷凍食品 | 89 |
| 12 | ID_CN43 | 其他 | | | 其他 | 15 |
| 13 | ID_CO02 | 其他 | | | 海鮮 | 7 |
| 14 | ID_CO55 | 其他 | | | 酒類 | 23 |
| 15 | ID_CP50 | 其他 | | | 軟性飲料 | 45 |
| 16 | ID_CQ43 | 其他 | | | 零食餅乾 | 135 |
| 17 | ID_DA01 | 罐頭 | | | 蔬果 | 136 |
| 18 | ID_DA02 | 日用品 | | | 麵包 | 31 |
| 19 | ID_DA03 | 日用品 | | | 罐頭 | 72 |
| 20 | ID_DA04 | 冷凍食品 | | | (空白) | |
| 21 | ID_DA07 | 蔬果 | | | 總計 | 676 |

每個商品類別的出現次數

---

我們可以使用 IF 函數，將缺失值的儲存格換成「蔬果」。IF 函數是用來處理「是否滿足某條件的函數」，以 C2 儲存格為例，函數的概念是條件「B2 儲存格為空白」成立時，在 C2 儲存格輸入「蔬果」；條件不成立時，在 C2 儲存格放入與 B2 儲存格相同的內容。操作的方法如下。

步驟 **❶**：在 C2 儲存格當中輸入「=IF(B2="","蔬果",B2)」後按
下 Enter 鍵。

步驟 **❷**：滑鼠移到 C2 儲存格右下角，讓游標出現實心十字號。

步驟 **❸**：按住滑鼠左鍵，往下拉到 C683 儲存格。

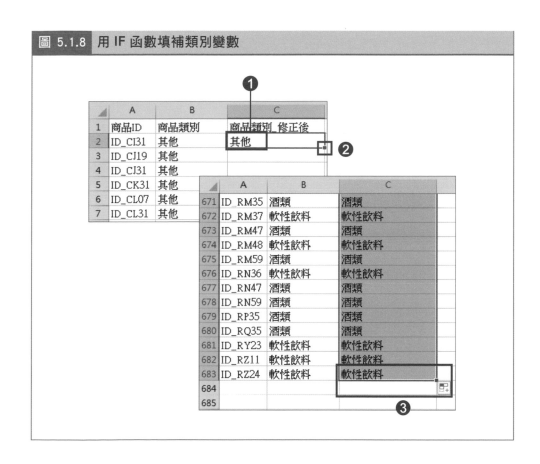

**圖 5.1.8** 用 **IF** 函數填補類別變數

圖 5.1.9 中，由於 B2 儲存格的內容是「其他」，條件「B2 儲存格為空白」不成立，因此 C2 儲存格的內容就會填入跟 B2 一樣。而 B27 儲存格是缺失值（空白儲存格），所以 C27 儲存格填入了「蔬果」。

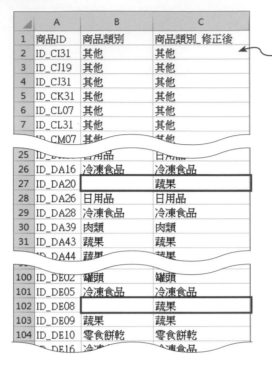

圖 5.1.9　填補完缺失值

由於目前 **B2** 儲存格當中為「其他」，並未滿足我們設定的函數條件，因此 **C2** 儲存格就會填入 **B2** 儲存格的值

確認第 27 列跟第 102 列這些缺失值都已填入了「蔬果」。

---

★ **小技巧**　快速複製函數到所有儲存格

**C2** 儲存格已經輸入好 **IF** 函數後，此時只要用滑鼠**左鍵連續點 2 下儲存格右下方的**■（填滿控點，Fill Handle），就能一次將 683 筆資料都計算完。

圖 5.1.10　快速複製函數

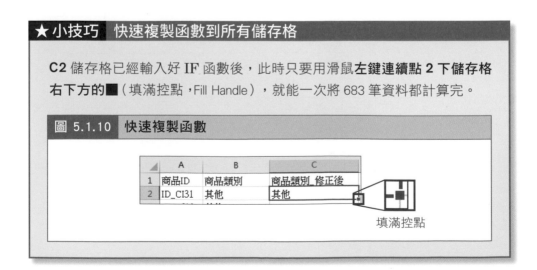

填滿控點

# ▍實作：填補數值變數的缺失值　　chap5.xlsx：chap5-1-2

接著我們要處理 chap5-1-2 工作表中「重量」的缺失值。由於「重量」是數值變數，我們可以先透過敘述統計跟長條圖來檢視資料，結果如圖 5.1.11。

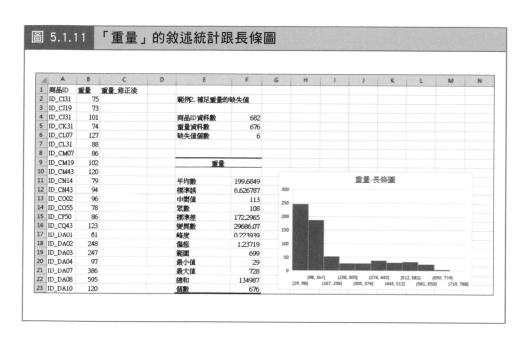

圖 5.1.11　「重量」的敘述統計跟長條圖

圖 5.1.11 中可以看出「重量」的平均數約為 200、中位數是 113，差距還滿大。接著從長條圖中可以看到圖的右邊有長長的尾巴，表示資料含有一些像是大於 700 的離群值，這些離群值會影響平均數的計算。因此，這次我們就以中位數來進行填補，也就是圖 5.1.6 中的方法 4。操作步驟如下。

步驟 ❶：在 C2 儲存格當中輸入「=IF(B2="",113,B2)」後按下 Enter 鍵。

步驟 ❷：滑鼠移到 C2 儲存格右下角，讓游標出現實心十字號。

步驟 ❸：按住滑鼠左鍵，往下拉到 C683 儲存格。

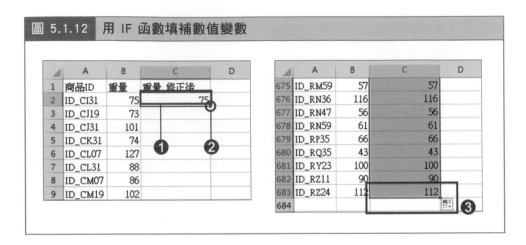

圖 5.1.12　用 IF 函數填補數值變數

我們確認一下如 B56 儲存格等缺失值欄位是否都已經填入「113」了。

圖 5.1.13　確認已經填補缺失值

# 5.2　處理標註不一致

## ▊ 標註不一致

　　「標註不一致」是指某一個狀態有 2 種以上的寫法，標註沒有統一。我們看看 chap5.xlsx 中的 chap5-2 工作表，裡面放入「商品 ID」、「折扣與否」、以及樞紐分析表的分析結果。可以看到「折扣與否」當中有「定價」、「打折」、「一般價格」、「打折價格」這 4 種，但是「定價」跟「一般價格」是一樣的意思，「打折」跟「打折價格」也是指相同的事情，因此這可能是標註不一致。

| 圖 5.2.1 | 「折扣與否」有標註不一致的情況 |
| --- | --- |

| ▲ | A | B | C | D | E | F | G |
| --- | --- | --- | --- | --- | --- | --- | --- |
| 1 | 商品ID | 折扣與否 | 折扣與否_修正後 | | | | |
| 2 | ID_CI31 | 定價 | | | 範例1. 修正價格標示的寫法不一致 | | |
| 3 | ID_CJ19 | 定價 | | | | | |
| 4 | ID_CJ31 | 打折價格 | | | 〈修正前的價格標示樞紐分析表〉 | | |
| 5 | ID_CK31 | 定價 | | | 列標籤 ↓↑ 計數 - 折扣與否 | | |
| 6 | ID_CL07 | 定價 | | | 一般價格 | 18 | |
| 7 | ID_CL31 | 打折 | | | 打折 | 178 | |
| 8 | ID_CM07 | 定價 | | | 打折價格 | 11 | |
| 9 | ID_CM19 | 打折 | | | 定價 | 475 | |
| 10 | ID_CM43 | 打折 | | | (空白) | | |
| 11 | ID_CN14 | 定價 | | | 總計 | 682 | |

「定價」跟「一般價格」是一樣的意思，
「打折」跟「打折價格」也是指相同的事情

　　有些情況無法這麼直觀地看出、或者是難以非常肯定地去判定為標註不一致，所以要詢問管理資料的單位，釐清是否真為標註不一致。

# 實作：運用Excel處理標註不一致

chap5.xlsx：chap5-2

要解決標註不一致的問題，基本上就是統一寫法。我們可以使用 IF 函數，將「一般價格」改為「定價」、將「打折價格」改為「打折」。由於要同時處理 2 種情況，因此需要 2 個 IF 函數：IF( **條件 1, 條件為真時,** IF( **條件 2, 條件為真時 , 條件為假時 ))。**

> **編註** 其實以本例來說，用 Excel 的「尋找及取代」功能會更快，但實務上這種做法很可能會取代到其他欄位資料，也不容易回溯，因此並不建議這樣做。

---

**圖 5.2.2　使用 IF 函數統一標註**

| | A | B | C |
|---|---|---|---|
| 1 | 商品ID | 折扣與否 | 折扣與否_修正後 |
| 2 | ID_CI31 | 定價 | 定價 |
| 3 | ID_CJ19 | 定價 | |

**=IF(B2="一般價格","定價", IF(B2="打折價格","打折",B2))**
　　　①　　　　　　②　③　　　　④　　　⑤　　⑥

① 條件運算式：**B2** 儲存格為「一般價格」
② 條件真時：將值改為「定價」
③ 條件假時：接著看 **IF(B2="打折價格","打折",B2)**
④ 條件運算式：**B2** 儲存格為「打折價格」
⑤ 條件為真時：將值改為「打折」
⑥ 條件為假時：帶入 **B2** 儲存格的值

---

圖 5.2.2 呈現了我們在 C2 儲存格當中輸入「=IF(B2="**一般價格**","**定價**", IF(B2="**打折價格**","**打折**",B2))」的結果。這個條件運算式的第一步會判斷當 B2 儲存格為「一般價格」時，則在 C2 儲存格中輸入「定價」；當 B2 儲存格為「打折價格」時，則在 C2 儲存格中輸入「打折」；若皆不符合上述條件運算式，則帶入 B2 儲存格當中的內容。

接著我們將 C2 儲存格中的算式套用在 C3 到 C683 為止，就能將所有的「一般價格」轉換為「定價」、「打折價格」轉換為「打折」了。

圖 5.2.3　**處理完標註不一致**

| ▲ | A | B | C |
|---|---|---|---|
| 1 | 商品ID | 折扣與否 | 折扣與否_修正後 |
| 2 | ID_CI31 | 定價 | 定價 |
| 3 | ID_CJ19 | 定價 | 定價 |
| 4 | ID_CJ31 | 打折價格 | 打折 |
| 5 | ID_CK31 | 定價 | 定價 |
| 6 | ID_CL07 | 定價 | 定價 |
| | _CI31 | 打折 | 定折 |
| 13 | ID_ | 定價 | 定價 |
| 14 | ID_CO55 | 定價 | 定價 |
| 15 | ID_CP50 | 定價 | 定價 |
| 16 | ID_CQ43 | 定價 | 定價 |
| 17 | ID_DA01 | 一般價格 | 定價 |
| 18 | ID_DA02 | 定價 | 定價 |
| 19 | ID_DA03 | 一般價格 | 定價 |
| 20 | ID_DA04 | 定價 | 定價 |
| | _DA07 | 定價 | |

如果擔心改過之後的內容不如預期，可以針對 C 欄「折扣與否_修正後」建立樞紐分析表，看看是不是只有出現「定價」跟「打折」2 種標示。操作流程請看本書第 2 章最後一個實作：運用樞紐分析表檢查標註不一致的情況。

**★小技巧**　快速瀏覽某一欄的所有標註

步驟 **❶**：選擇儲存格。

步驟 **❷**：按住鍵盤的 `Alt`（若是使用 Mac 電腦，則按住 `option` 鍵）。

步驟 **❸**：按鍵盤的 `↓`。

如此一來就能顯示該欄的所有標註，相當方便。

# 5.3 離群值（Outlier）跟異常值的應對方式

## 什麼是離群值、異常值？

離群值跟異常值的定義如圖 5.3.1。

| 圖 5.3.1 | 離群值與異常值的定義 |
| --- | --- |

- **離群值**：資料當中有數值與絕大部分的數值呈現很大的差距。

- **異常值**：輸入錯誤或是測量錯誤的數值。

根據圖 5.3.1 的定義，其實只看資料的數值，很難判斷到底是離群值或異常值。我們只能先查出是否有離群值，再詢問資料管理人員來確認哪些離群值是異常值。接下來，我們來看幾個異常值的範例。

| 圖 5.3.2 | 異常值的範例 |
| --- | --- |

- **範例 1**：實際的年收入為 500 萬元，卻多寫一個 0 而變成了 5,000 萬元。

- **範例 2**：溫度高於 100 度，超過儀器測量上限而顯示為 999。

範例 1 當中多寫了一個 0，導致本來是 500 萬元變成了 5,000 萬元；範例 2 則是當溫度超過 100 度時，就超出儀器的測量範圍，而全部變成了 999 這個數值。5,000 萬跟 999 都是因為錯誤所產生的緣故，所以是異常

值。如果能知道為什麼會變成異常值，以及正確數值為何，就應該要將資料修正。反之，無法得知造成異常值的原因，或是無從得知正確的資料，可以考慮排除這些資料。

並沒有任何明確的標準可以判斷何謂離群值，因為離群值是「該數值與絕大部分的數值呈現很大的差距」，但是到底差距多大才算是離群值，需要依照資料的特性來設定標準。

# ▌實作：運用 Excel 抓出離群值

chap5.xlsx：chap5-3

chap5-3 工作表當中已經放入了每個「商品 ID」的「進貨單價」跟「商品單價」，當中有些非常大跟非常小的數值。如同稍早所提到，判斷離群值的標準要看資料的特性。因此，我們可以透過下述的流程來找出離群值。

---

**圖 5.3.3　找出離群值的方法**

● **方法 1**：運用長條圖確認資料分佈。

● **方法 2**：使用敘述統計的最大值跟最小值。

---

## 方法 1：運用長條圖確認資料分佈

chap5-3 工作表當中可以看到「進貨單價」與「商品單價」的長條圖（圖 5.3.4）。兩張圖的右邊都有長長的尾巴，而且乍看之下似乎沒有任何資料點，不過其實是因為有非常少的離群值所導致。從長條圖可以得知「進貨單價」跟「商品單價」，都存在數值可能相當大的離群值。

# MEMO

# Chapter 6

## 靈活運用線性迴歸模型，
## 為公司帶來更亮眼的收益

# 6.1 用迴歸分析了解會影響銷售數量的因素

接下來要講解的線性迴歸分析，將會用到目前為止我們學過的敘述統計、資料視覺化、假設檢定、資料預處理。

線性迴歸分析？

線性迴歸分析也是基本的統計方法，而且相當常用。

什麼時候會用到線性迴歸分析？

像是想要知道有哪些因素會影響商品銷售數量時，就會用線性迴歸分析。接下來會有具體的範例說明。此外，線性迴歸分析會應用假設檢定相關知識，因此了解本書第 4 章的內容後，線性迴歸分析就不會太難。

## 迴歸分析的目標

　　我們先來看圖 6.1.1。這張圖列出「佔有率」、「重量」、「商品單價」、「是否屬於酒類」等等的變數，想知道哪些變數與「銷售數量」有關係。在迴歸分析當中，會有 1 個「被解釋變數」，又稱「應變數」、「標籤」；而用來描述被解釋變數的一個或多個變數叫做「解釋變數」，又稱「特徵量」。**迴歸分析是要釐清「哪個解釋變數跟被解釋變數有關係」時所運用的方法。**

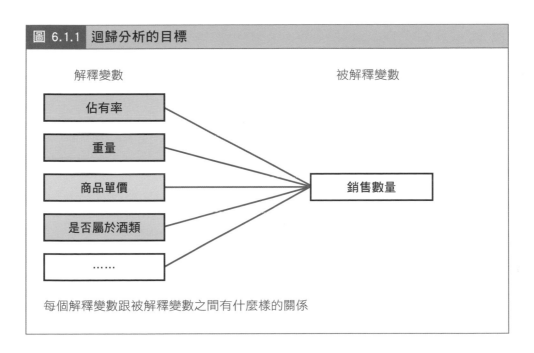

圖 6.1.1　迴歸分析的目標

解釋變數　　　　　　　　　　　　　　　被解釋變數

佔有率

重量

商品單價　　　　　　　　　　　　　　　銷售數量

是否屬於酒類

……

每個解釋變數跟被解釋變數之間有什麼樣的關係

　　在企業應用上，還有運用迴歸分析去探討「商務上哪些因素對 KPI 達成率發揮效用」或者「哪些變數對 KPI 達成率沒用」等做法。

　　迴歸分析也有許多種類，這次我們要運用 Excel 來實作迴歸分析中的「線性迴歸」。雖說實際上還有很多好用的迴歸分析技巧，然而對初學者來說，先從實務上很常用的線性迴歸開始，扎實掌握此分析方法的相關知識後，就可以拓展到其他迴歸分析技巧。

線性迴歸中，用多個解釋變數來呈現 1 個被解釋變數，這稱為「多元線性迴歸」，如圖 6.1.1。不過，我們會先學習用 1 個解釋變數來呈現 1 個被解釋變數，又稱為「簡單線性迴歸」。透過簡單線性迴歸的演練實作，慢慢認識迴歸係數、係數的顯著性、決定係數等重要概念。之後進入多元線性迴歸分析，便能知道如何使用。

---

**★ 小技巧　還有其他的迴歸分析**

其他實務上好用的迴歸分析，如「卜瓦松迴歸」、「Gamma 迴歸」等方法，它們並非以直線（線性）去表現解釋變數跟被解釋變數的關聯。另外，像是「邏輯斯迴歸」是線性模型用於處理分類問題。礙於篇幅，本書不會提到上述迴歸分析的相關技術。

---

編註　關於更多迴歸分析的數學模型相關知識，可以參考旗標出版的「資料科學的建模基礎：別急著 coding ！你知道模型的陷阱嗎？」。另外，如何實作其他不同迴歸分析的數學模型，可以參考旗標出版的「自學機器學習：上 Kaggle 接軌世界，成為資料科學家」。

# 6.2 運用線性迴歸分析建構模型

## ▌線性迴歸的概念

　　所謂的**線性迴歸分析就是「找出一條最好的直線方程式來表達解釋變數跟被解釋變數的相關性」**。比如，想要了解投入廣告金額跟銷售量的相關性，通常廣告金額越多，銷售量也會增加，因此廣告金額跟銷售量的關係會如圖 6.2.1，而線性迴歸分析就是要找出如圖 6.2.2 的直線方程式。

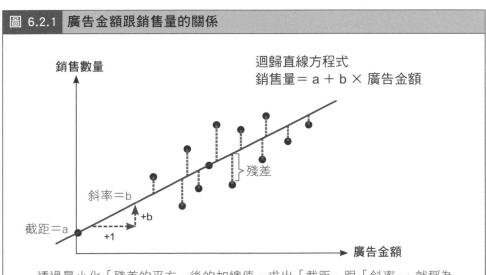

**圖 6.2.1　廣告金額跟銷售量的關係**

銷售數量

迴歸直線方程式
銷售量＝a＋b×廣告金額

殘差

斜率＝b

+b

+1

截距＝a

廣告金額

透過最小化「殘差的平方」後的加總值，求出「截距」跟「斜率」，就稱為線性迴歸分析。其中「截距」是迴歸直線方程式與垂直（y）軸交會的 y 值

**圖 6.2.2　廣告金額與銷售量的直線方程式**

銷售量＝截距 a ＋斜率 b × 廣告金額

這裡重點在於「如何選擇 a 跟 b 的值」，而方法之一就是「找一組 a 跟 b 的值，可以讓殘差的平方加總後最小」。殘差越小，代表資料距離直線方程式越近，也就是直線方程式越能代表資料實際的分佈。這邊要取殘差的「平方」，這是有些資料的殘差大於 0、有些小於 0，如果直接殘差相加，就會出現正負相互抵消，反而無法正確衡量每一筆資料跟直線方程式的距離。透過「殘差的平方」，我們可以避免正負相互抵消，以便檢視整份資料距離直線有多少的距離。

 為什麼是選擇直線方程式呢？其實這只是便於理解而已。線性迴歸就是運用直線來簡化資料。反過來說，無法用直線描述的資料，也就不適合運用線性迴歸。

---

**★小技巧** 何謂模型（Model）

圖 6.2.2 的簡單線性迴歸，即是一個模型。想要了解手上的資料，我們可以將資料丟給一個模型，接著就可以研究模型本身，來幫助我們理解資料。以圖 6.2.1 來說，就是將一大堆資料，丟給直線方程式，之後就可以研究模型的截距跟斜率，了解資料的趨勢。

---

## ▊ 解讀線性迴歸

從圖 6.2.1 中可看出，截距是「當廣告金額為 0 時，預期的銷售量」[註1]，斜率是「當廣告金額增加 1 個單位時，會增加的銷售量」。

---

註1　解讀截距時需要特別注意，當應用場合的解釋變數不會為 0 時，截距可能沒有意義。比如，直線方程式「房價 ＝ 50 ＋ 100 × 坪數」，不會有坪數為 0 但是房價為 50 的情況。

Chapter 6

靈活運用線性迴歸模型，為公司帶來更亮眼的收益

---

**圖 6.2.3　解讀線性迴歸**

用廣告金額來表示銷售量的直線方程式

$$\underset{\text{被解釋變數}}{\underline{\text{銷售量}}} = \underset{}{\underline{\text{截距}}} + \underset{\text{迴歸係數}}{\underline{\text{斜率}}} \times \underset{\text{解釋變數}}{\underline{\text{廣告金額}}}$$

**解讀截距與係數（迴歸係數）**

- **截距**：當廣告金額為 0 時，預期的銷售量。
- **斜率**：當廣告金額增加 1 個單位時，會增加的銷售量。

---

斜率能告訴我們「當解釋變數變化時，被解釋變數會如何跟著變化」。實務上多半會比較關注斜率的數值大小。

---

**★小技巧　模型的可解釋性**

線性迴歸運用「直線」來表示被解釋變數跟解釋變數的相關性，好處就在容易理解當解釋變數變動時，被解釋變數會跟著產生什麼樣的變化。這種特色稱為「具有高度可解釋性」。相較於此，深度學習等演算法的可解釋性就比較低，因為即使模型的預測準確率高，卻很難知道模型如何做出判斷。實務上要根據應用來選擇有比較完整統計理論為基礎、解釋性較高的線性迴歸，或是深度學習演算法。

---

# 執行線性迴歸的注意事項

在本書第 4 章講解假設檢定後，相信讀者已經了解「手上的資料，又稱樣本，只是母體的一部分而已」。既然如此，線性迴歸只是針對一個樣本作分析，如果我們再次從母體作抽樣得到另一組樣本，重新作線性迴歸後，也許會得到不一樣的直線方程式。比如：某次樣本的直線方程式斜率是「1」，代表解釋變數增加 1 個單位時，被解釋變數也會增加 1 個單位。但是，有可能在母體當中，解釋變數跟被解釋變數，其實沒有什麼相關性。

我們不只希望了解樣本當中變數之間的相關性，更希望樣本中變數之間的相關性在母體中也成立。否則，如果樣本的現象在母體中根本不存在，有可能會造成錯誤的決策。

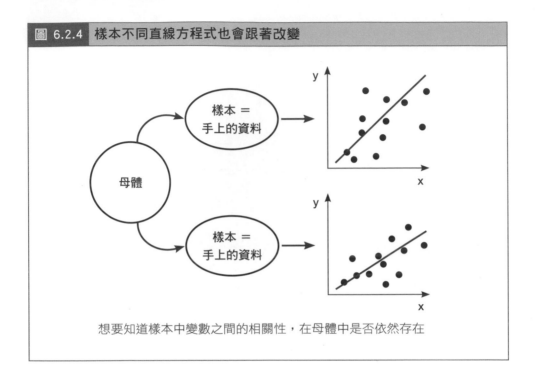

**圖 6.2.4　樣本不同直線方程式也會跟著改變**

想要知道樣本中變數之間的相關性，在母體中是否依然存在

## ▎運用假設檢定判斷變數之間的相關性

　　如果透過線性迴歸分析，得知樣本的直線方程式斜率不是 0，只能說樣本中的解釋變數跟被解釋變數之間有相關。可是，我們更想知道「在母體中，解釋變數跟被解釋變數到底有沒有相關」，而這樣的問題，即可使用本書第 4 章所談的假設檢定，其中虛無假設跟對立假設如圖 6.2.5。

---

**圖 6.2.5　虛無假設與對立假設**

- **虛無假設**：解釋變數與被解釋變數之間**沒有**相關，也就是直線方程式的斜率**為** 0。
- **對立假設**：解釋變數與被解釋變數之間**存有**相關，也就是直線方程式的斜率**非** 0。

---

如果可以透過假設檢定的流程，決定採納對立假設，我們就可以說解釋變數跟被解釋變數是有相關。反之，要是檢定結果之後決定不拒絕虛無假設，那代表解釋變數跟被解釋變數之間可能關係不大，此時可以考慮丟棄這個解釋變數，並尋找其他可能會影響被解釋變數的因子。

筆者要特別提醒讀者，圖 6.2.5 的對立假設是「解釋變數跟被解釋變數之間存有相關」，因此當我們經過檢定之後採納了對立假設，只能知道變數之間有相關（斜率不為 0），無法知道是正相關（斜率大於 0）還是負相關（斜率小於 0）。以圖 6.2.3 為例，如果檢定之後發現廣告金額跟銷售量有相關，就很滿意地提交報告，但若相關性其實是負相關，這樣投入更多廣告金額反而會損害銷售量。

---

**圖 6.2.6　運用假設檢定來驗證解釋變數與被解釋變數是否具有相關性**

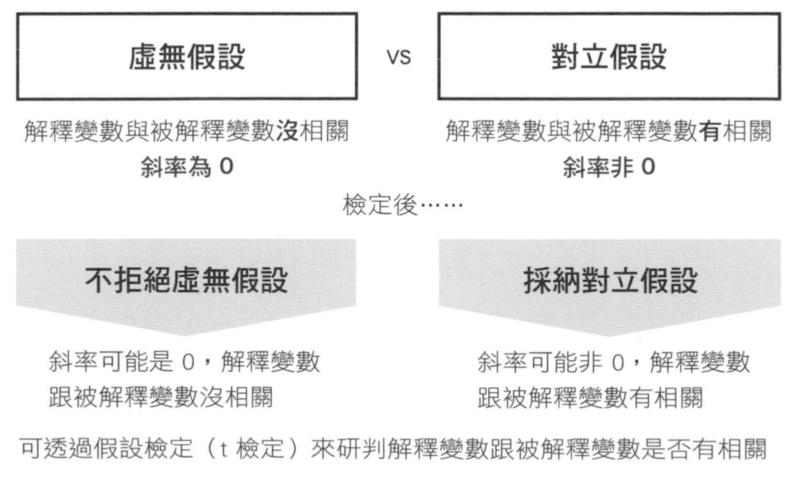

| 虛無假設 | vs | 對立假設 |
|---|---|---|
| 解釋變數與被解釋變數**沒**相關<br>**斜率為 0** | | 解釋變數與被解釋變數**有**相關<br>**斜率非 0** |

檢定後……

| 不拒絕虛無假設 | 採納對立假設 |
|---|---|
| 斜率可能是 0，解釋變數跟被解釋變數沒相關 | 斜率可能非 0，解釋變數跟被解釋變數有相關 |

可透過假設檢定（t 檢定）來研判解釋變數跟被解釋變數是否有相關

再次說明，對斜率採行假設檢定，是因為手上的資料僅是從母體抽出來的一個樣本。換了一個樣本，線性迴歸分析後的直線方程式斜率值可能會不同，也就是斜率值具有不確定性。從統計學的觀點來看，抽樣得到的樣本並非固定，而是一個機率分佈；因此樣本的斜率也非固定不變的數值，同樣也是一個機率分佈。而我們就用手上的資料所求出的斜率值，來判斷「是否採納對立假設」。此時其實會跟本書第 4 章提到的平均數檢定一樣，都是使用 t 檢定 註2。

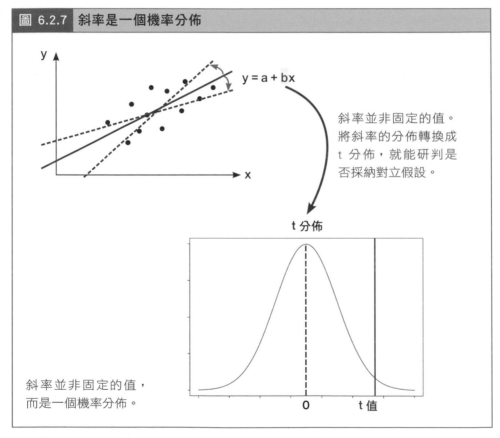

**圖 6.2.7　斜率是一個機率分佈**

y = a + bx

斜率並非固定的值。
將斜率的分佈轉換成
t 分佈，就能研判是
否採納對立假設。

t 分佈

斜率並非固定的值，
而是一個機率分佈。

0　　　t 值

接下來要來實際演練簡單線性迴歸分析！

註2　斜率跟標準誤（斜率值本身的標準差）的比，會符合 t 分佈。

# 6.3 執行迴歸分析

## 實作：運用 Excel 執行迴歸分析，計算斜率與 p 值

chap6.xlsx : chap6-3

chap6.xlsx 裡面的 chap6-3 工作表中已經有「商品單價」跟「銷售數量」，我們現在要用線性迴歸來看這 2 個變數之間是否有相關性。

圖 6.3.1 是「商品單價」跟「銷售數量」兩者的散佈圖，顯然這 2 個變數是負相關。也就是「商品單價」越高時，「銷售數量」會降低，符合我們的直覺。圖 6.3.1 當中也標上了趨勢線，其實就是線性迴歸分析後的直線方程式。現在，我們要作更進一步的分析。

圖 6.3.1 「商品單價」與「銷售數量」的散佈圖

| | A | B | C |
|---|---|---|---|
| 1 | 商品ID | 商品單價 | 銷售數量 |
| 2 | ID_CI31 | 120 | 22 |
| 3 | ID_CJ31 | 208 | 19 |
| 4 | ID_CK31 | 142 | 14 |
| 5 | ID_CL07 | 127 | 19 |
| 6 | ID_CL31 | 157 | 25 |
| 7 | ID_CM07 | 129 | 27 |
| 8 | ID_CM43 | 149 | 33 |
| 9 | ID_CN14 | 195 | 14 |
| 10 | ID_CN43 | 150 | 25 |
| 11 | ID_CO02 | 108 | 34 |
| 12 | ID_CO55 | 150 | 21 |
| 13 | ID_CP50 | 130 | 26 |
| 14 | ID_CQ43 | 163 | 15 |

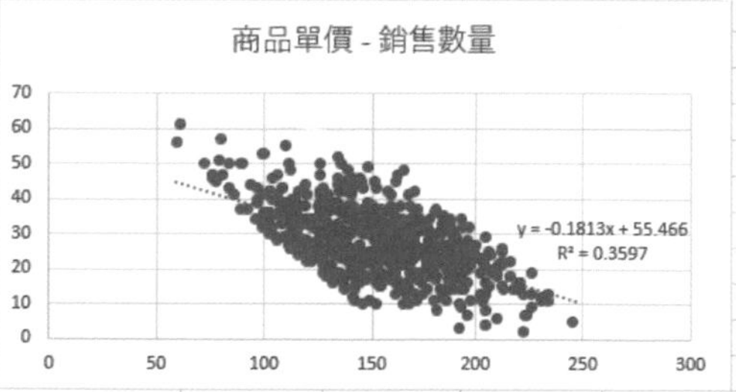

步驟 ❶：點選**資料**頁籤。

步驟 ❷：點選**資料分析**。

步驟 ❸：在**資料分析**視窗中選擇**迴歸**。

步驟 ❹：點選**確定**。

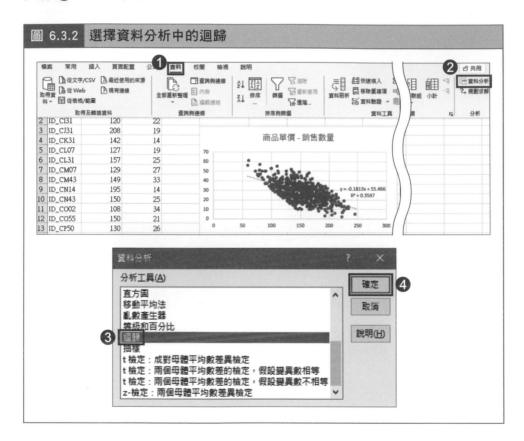

圖 6.3.2　選擇資料分析中的迴歸

步驟 ❺：在**輸入區域**的**輸入 Y 範圍**中填入「\$C\$1:\$C\$678」。也就是將「銷售數量」作為垂直（Y）軸，資料範圍是 C1 到 C678。

步驟 ❻：在**輸入區域**的**輸入 X 範圍**中填入「\$B\$1:\$B\$678」。也就是將「商品單價」作為水平（X）軸，資料範圍是 B1 到 B678。

步驟 ❼：由於我們選取的範圍包含了標題，因此要將**輸入區域**的**標記**打勾。

圖 6.3.3　指定輸入

Y 範圍是為被解釋變數，
X 範圍是解釋變數

步驟 **8**：我們要將結果輸出在同一張工作表的 E16 儲存格。因此在**輸出
選項**的區域選取**輸出範圍**並填入「$E$16」

步驟 **9**：點選**確定**。

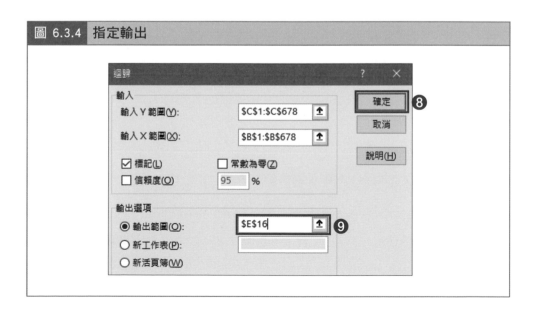

圖 6.3.4　指定輸出

完成以上步驟後，就會產生線性迴歸的分析結果，如圖 6.3.5，Excel 工作表會出現 3 個表格。

**圖 6.3.5　輸出線性迴歸分析結果**

摘要輸出

| 迴歸統計 | |
|---|---|
| R 的倍數 | 0.59975585 |
| R 平方 | 0.35970708 |
| 調整的 R 平方 | 0.35875849 |
| 標準誤 | 7.77247619 |
| 觀察值個數 | 677 |

ANOVA

| | 自由度 | SS | MS | F | 顯著值 |
|---|---|---|---|---|---|
| 迴歸 | 1 | 22908.2996 | 22908.2996 | 379.2049984 | 2.2953E-67 |
| 殘差 | 675 | 40777.6856 | 60.4113861 | | |
| 總和 | 676 | 63685.9852 | | | |

| | 係數 | 標準誤 | t 統計 | P-值 | 下限 95% | 上限 95% | 下限 95.0% | 上限 95.0% |
|---|---|---|---|---|---|---|---|---|
| 截距 | 55.4656222 | 1.45752936 | 38.0545488 | 4.0183E-170 | 52.6037856 | 58.3274587 | 52.6037856 | 58.3274587 |
| 商品單價 | -0.1812867 | 0.00930955 | -19.473187 | 2.29525E-67 | -0.1995659 | -0.1630075 | -0.1995659 | -0.1630075 |

每個變數的估計係數　　　　　　　　每個變數的 p 值

我們先看「係數」跟「P-值」這兩欄[註3]。「係數」代表估計的迴歸係數，也就是圖 6.2.3 當中直線方程式的斜率。「P-值」代表每個變數的 p 值。由於圖 6.3.1 是簡單線性迴歸分析，所以變數只有「商品單價」這一個。圖 6.3.6 可以看到「截距」跟「商品單價的估計係數」的數值以及對應的 p 值。

**圖 6.3.6　「截距」以及「商品單價的估計係數」**

● 截距為 55.47，p 值為 4.0183E-170（$4.0183 \times 10^{-170}$）。

● 商品單價的估計係數為 -0.18，p 值為 2.29525E-67（$2.29525 \times 10^{-67}$）。

---

註3　該如何解讀 p 值，敬請參照本書 4.7 節。

## ▌解讀輸出結果

我們先看到「商品單價」的部分，**因 p 值遠低於顯著水準（預設為 5%），所以我們採納「斜率不為 0」的對立假設**，這表示「商品單價」跟「銷售數量」是有相關。將「截距」以及「商品單價的估計係數」帶入方程式中，就會得到圖 6.3.7 的結果。

| 圖 6.3.7 「商品單價」跟「銷售數量」的直線方程式 |
| --- |
| **銷售數量＝ 55.47 − 0.18 × 商品單價** |

以圖 6.3.1 的範例來說，「截距」是比較難解釋，因為實務上「商品單價」為 0 的狀況比較特別（編註：此外，可以發現資料中沒有「商品單價」為 0 元附近的資料點，因此模型在這個區域的預測能力會有疑問。也就是說建立好一個模型之後，並不代表任何場景都適用，模型的適用性取決於資料的涵蓋範圍）。「斜率」則可以解讀為**平均來說「商品單價」上升 1 元時，「銷售數量」就會下降 0.18 個**。

得到圖 6.3.7 的直線方程式之後，還可以作什麼呢？比如，說當我們在思考某個商品的單價要多少，才能達到預期的銷售量，就可以根據圖 6.3.7 的直線方程式，帶入不同的商品單價，算出銷售數量，就可以知道比較合適的定價策略。

---

註4　實際上當價格越貴，銷量減少的比率可能會越大（斜率負得更多）。因此，用非線性的模型分析「商品單價」跟「銷售數量」的關係可能會更準確。然而以圖 6.3.1 的資料來說，如果使用模型的場景，沒有脫離原始資料太多，模型的表現是有保障。

# 使用決定係數（coefficient of determination）判斷模型效能

了解迴歸分析後的「係數」、「截距」、以及「P- 值」後，接下來我們要來關心這個模型效能到底如何。這時候可以看圖 6.3.5 當中的「R 平方」，這又稱為「決定係數」或「判定係數」[註5]。**決定係數是指「模型可以解釋之變異占被解釋變數 Y 的總變異之比例」的指標**，如果數字越大，代表這個直線方程式模型很能解釋資料。

比如，圖 6.3.8 的左圖當中，我們可以先算出「所有資料」的「Y 變數的平均數」，計算結果為左圖當中的紅色水平線。接下來，我們將「每一筆資料的 Y 變數值」減去「Y 變數的平均數」再「平方」，最後「加總」，就得到了「被解釋變數 Y 的總變異」。

接著我們看圖 6.3.8 的右圖，圖中紅色的斜線為線性迴歸分析後得到的直線方程式，我們可以計算「每一筆資料的 Y 變數值」減去「每一筆資料的 X 變數值帶入直線方程式後得到的預測值」（即為殘差）再「平方」，最後「加總」，就得到了「模型無法解釋的變異」。

接下來，我們將「模型無法解釋的變異」除以「被解釋變數 Y 的總變異」，就得到「模型無法解釋之變異占被解釋變數 Y 的總變異之比例」。最後，我們用「1」減去「模型無法解釋之變異占被解釋變數 Y 的總變異之比例」，就得到「模型可以解釋之變異占被解釋變數 Y 的總變異之比例」，也就得到決定係數了。

從上述的計算可以發現，如果「模型的預測值」越接近「資料的 Y 變數值」，代表模型詮釋資料的能力很好，同時「模型無法解釋的變異」就會降低，「模型可以解釋之變異占被解釋變數 Y 的總變異之比例」就會增加，也就是決定係數會增加。

---

註5　實務上都是稱「決定係數」或是「判定係數」。

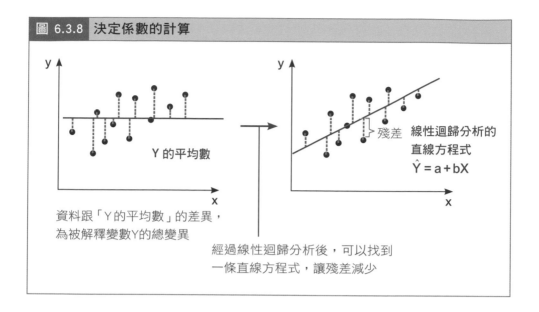

**圖 6.3.8　決定係數的計算**

資料跟「Y 的平均數」的差異，
為被解釋變數Y的總變異

經過線性迴歸分析後，可以找到
一條直線方程式，讓殘差減少

殘差　線性迴歸分析的
直線方程式
$\hat{Y} = a + bX$

## ▋ 視覺化決定係數

　　決定係數其實就是將「被解釋變數 Y 的總變異」，拆成「模型可以解釋的變異」以及「模型無法解釋的變異」。比如，假設資料的變異是 100，模型的誤差是 30，所以迴歸分析所能解釋的部分為 70，而 70/100 即是決定係數。

　　「係數」、「截距」、「P- 值」告訴了我們解釋變數跟被解釋變數的相關性，「決定係數」則告訴了我們直線方程式有多符合資料。因此，當我們查看這 4 個指標，就能評估迴歸分析的結果。

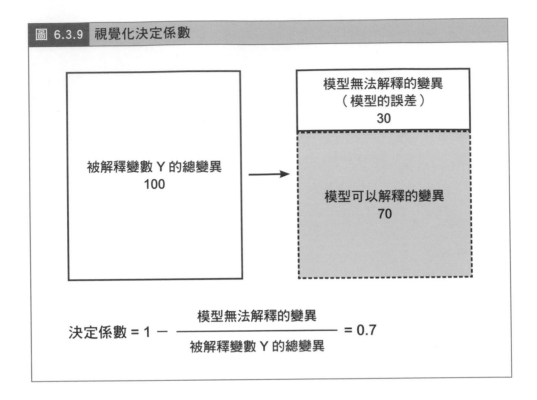

圖 6.3.9　視覺化決定係數

模型無法解釋的變異
（模型的誤差）
30

被解釋變數 Y 的總變異
100

模型可以解釋的變異
70

$$決定係數 = 1 - \frac{模型無法解釋的變異}{被解釋變數\ Y\ 的總變異} = 0.7$$

　　另外，決定係數跟相關係數一樣，並沒有明確的標準可以判斷模型夠好，會需要根據分析目標不同而有不一樣的標準。一般來說決定係數的參考值，是**大致上只要超過了 0.5～0.6，準確率就不算太差**。然而需要高準確率的應用時，就需要較高的決定係數；反之，用少一點解釋變數可能讓決定係數降低一點，但如果應用上影響不大，較少的變數通常比較容易觀察變數之間的關係，也是可以考慮的策略。

　　這次我們運用簡單線性迴歸分析的結果，決定係數約為 0.36，比上述的參考值還要低。不過換個角度想，只用一個變數就能獲得 0.36，也算是很好了。

# 6.4 多元線性迴歸模型

## ▌「多個解釋變數」對「被解釋變數」的分析

到目前為止我們講解了「一個解釋變數」對「被解釋變數」的簡單線性迴歸分析，不過實務上不太會有某個被解釋變數僅會受到單一解釋變數的影響，通常我們的資料當中有很多變數，因此在分析時也會一次考慮多個變數。

**當存在兩個以上的解釋變數時，稱為「多元線性迴歸分析」**。基本思維其實沒有不同，只是無法像簡單線性迴歸使用散佈圖的視覺化方法，因此我們要學習解讀多元線性迴歸分析的結果。

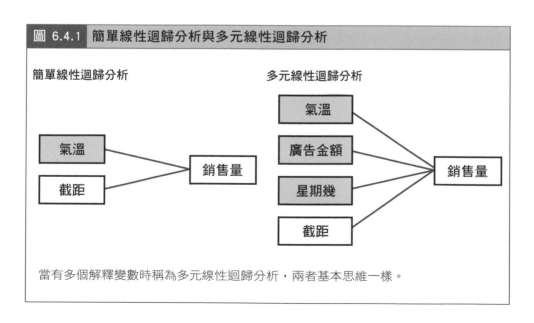

圖 6.4.1　簡單線性迴歸分析與多元線性迴歸分析

簡單線性迴歸分析

多元線性迴歸分析

氣溫

截距

銷售量

氣溫

廣告金額

星期幾

截距

銷售量

當有多個解釋變數時稱為多元線性迴歸分析，兩者基本思維一樣。

## 實作：運用 Excel 執行多元線性迴歸 chap6.xlsx : chap6-4

請開啟練習檔 chap6.xlsx 中的 chap6-4 工作表，表中除了「商品單價」之外，還放入了「重量」、「佔有率」、「商品類型」、以及「折扣與否」，其中「商品類型」跟「折扣與否」已經轉換成虛擬變數。現在，我們要對銷售數量來進行多元線性迴歸分析，步驟如下。

圖 6.4.2 多元線性迴歸分析的資料

| | A | B | C | D | E | F | G | H | I | J | K | L | M | N | O |
|---|---|---|---|---|---|---|---|---|---|---|---|---|---|---|---|
| 1 | 商品ID | 重量 | 佔有率 | 商品單價 | 商品類別_零食餅乾 | 商品類別_冷凍食 | 商品類別_雜 | 商品類別_日用 | 商品類別_肉 | 商品類別_軟性飲料 | 商品類別_麵包 | 商品類別_酒類 | 商品類別_其他 | 商品類別_海鮮 | 折扣與否_打折 |
| 2 | ID_CI31 | 75 | 0.043% | 120 | 0 | 0 | 0 | 0 | 0 | 0 | 0 | 0 | 1 | 0 | 0 |
| 3 | ID_CJ31 | 101 | 0.422% | 208 | 0 | 0 | 0 | 0 | 0 | 0 | 0 | 0 | 1 | 0 | 1 |
| 4 | ID_CK31 | 74 | 0.035% | 142 | 0 | 0 | 0 | 0 | 0 | 0 | 0 | 0 | 1 | 0 | 0 |
| 5 | ID_CL07 | 127 | 0.137% | 127 | 0 | 0 | 0 | 0 | 0 | 0 | 0 | 0 | 1 | 0 | 0 |
| 6 | ID_CL31 | 88 | 0.238% | 157 | 0 | 0 | 0 | 0 | 0 | 0 | 0 | 0 | 1 | 0 | 1 |
| 7 | ID_CM07 | 86 | 0.114% | 129 | 0 | 0 | 0 | 0 | 0 | 0 | 0 | 0 | 1 | 0 | 0 |
| 8 | ID_CM43 | 120 | 0.209% | 149 | 0 | 0 | 0 | 0 | 0 | 0 | 0 | 0 | 1 | 0 | 1 |
| 9 | ID_CN14 | 79 | 0.105% | 195 | 0 | 0 | 0 | 0 | 0 | 0 | 0 | 0 | 1 | 0 | 0 |
| 10 | ID_CN43 | 94 | 0.129% | 150 | 0 | 0 | 0 | 0 | 0 | 0 | 0 | 0 | 1 | 0 | 1 |
| 11 | ID_CO02 | 96 | 0.224% | 108 | 0 | 0 | 0 | 0 | 0 | 0 | 0 | 0 | 1 | 0 | 0 |
| 12 | ID_CO55 | 78 | 0.165% | 150 | 0 | 0 | 0 | 0 | 0 | 0 | 0 | 0 | 1 | 0 | 0 |
| 13 | ID_CP50 | 86 | 0.127% | 130 | 0 | 0 | 0 | 0 | 0 | 0 | 0 | 0 | 1 | 0 | 0 |
| 14 | ID_CQ43 | 123 | 0.169% | 163 | 0 | 0 | 0 | 0 | 0 | 0 | 0 | 0 | 1 | 0 | 0 |
| 15 | ID_DA01 | 61 | 0.107% | 137 | 0 | 0 | 1 | 0 | 0 | 0 | 0 | 0 | 0 | 0 | 0 |
| 16 | ID_DA02 | 248 | 0.143% | 155 | 0 | 0 | 0 | 1 | 0 | 0 | 0 | 0 | 0 | 0 | 0 |
| 17 | ID_DA03 | 247 | 0.170% | 162 | 0 | 0 | 0 | 1 | 0 | 0 | 0 | 0 | 0 | 0 | 0 |
| 18 | ID_DA04 | 97 | 0.050% | 211 | 0 | 1 | 0 | 0 | 0 | 0 | 0 | 0 | 0 | 0 | 0 |
| 19 | ID_DA07 | 386 | 0.176% | 126 | 0 | 0 | 0 | 0 | 0 | 0 | 0 | 0 | 0 | 0 | 0 |
| 20 | ID_DA08 | 595 | 0.108% | 167 | 0 | 0 | 0 | 0 | 0 | 0 | 0 | 0 | 0 | 0 | 0 |
| 21 | ID_DA10 | 120 | 0.077% | 142 | 1 | 0 | 0 | 0 | 0 | 0 | 0 | 0 | 0 | 0 | 1 |
| 22 | ID_DA13 | 44 | 0.037% | 129 | 0 | 0 | 1 | 0 | 0 | 0 | 0 | 0 | 0 | 0 | 0 |
| 23 | ID_DA15 | 153 | 0.114% | 199 | 0 | 0 | 0 | 1 | 0 | 0 | 0 | 0 | 0 | 0 | 0 |
| 24 | ID_DA16 | 88 | 0.191% | 176 | 0 | 1 | 0 | 0 | 0 | 0 | 0 | 0 | 0 | 0 | 0 |
| 25 | ID_DA20 | 364 | 0.245% | 158 | 0 | 0 | 0 | 0 | 0 | 0 | 0 | 0 | 0 | 0 | 1 |

步驟 ❶：點選**資料**頁籤。

步驟 ❷：點選**資料分析**。

步驟 ❸：在**資料分析**視窗中選擇**迴歸**。

步驟 ❹：點選**確定**。

圖 6.4.3 選擇資料分析中的迴歸

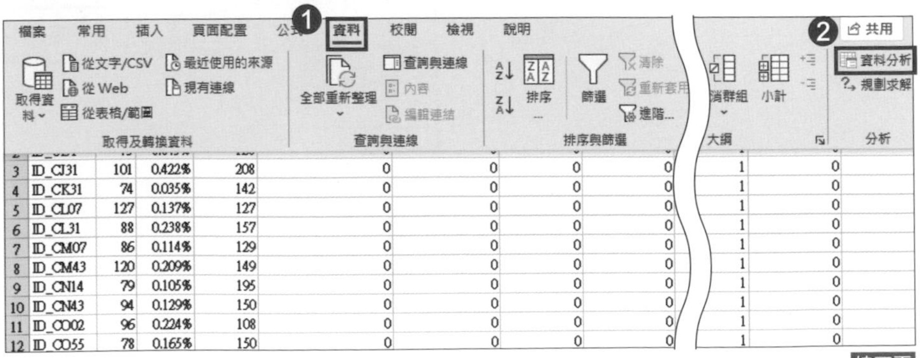

步驟 ❺：在**輸入區域**的**輸入 Y 範圍**中填入「$P$1:$P$678」。也就是將
「銷售數量」作為 Y 軸，資料範圍是 P1 到 P678。

步驟 ❻：在**輸入區域**的**輸入 X 範圍**中填入「$B$1:$O$678」。也就是將
「重量」到「折扣與否」都作為 X 軸，資料範圍是 B1 到 O678。
這邊要留意不要加入了「商品 ID」，因為儲存格當中的值不僅
沒有意義，且因為每一格當中的資料都是獨立 (單一) 的 ID，加
入了解釋變數也沒有任何意義。

步驟 ❼：由於我們選取的範圍包含了標題，因此要將**輸入區域**的**標記**打
勾。

**圖 6.4.4　指定輸入**

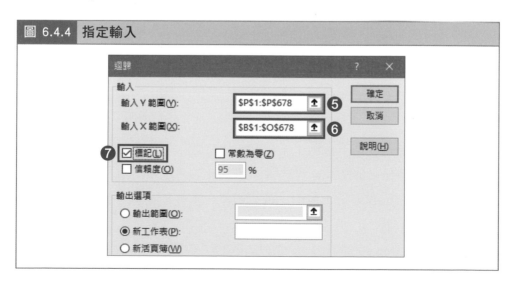

步驟❽：我們要將結果輸出在同一張工作表的 R3 儲存格。因此在**輸出選項**的區域選取**輸出範圍**並填入「$R$3」

步驟❾：點選**確定**。

圖 6.4.5　指定輸出

## ▋ 解讀多元線性迴歸分析

我們重點還是放在「係數」、「P- 值」、以及「決定係數」這三個分析結果。為了幫助理解，圖 6.4.6 已經將 p 值低於顯著水準（5%）的變數以紅色標示出來，代表這些變數確實跟「銷售數量」有些相關性。

| 圖 6.4.6 | 多元線性迴歸分析結果 |
| --- | --- |

編註：多元線性迴歸要看「調整的R平方」，詳細請參考「Sanford Weisberg (2014). Applied Linear Regression, Fourth Edition. Hoboken NJ: Wiley.」

| 摘要輸出 | | |
| --- | --- | --- |
| **迴歸統計** | | |
| R 的倍數 | 0.75546331 | |
| R 平方 | 0.57072481 | |
| 調整的 R 平方 | 0.56164649 | 決定係數為 56% |
| 標準誤 | 6.4262976 | |
| 觀察值個數 | 677 | |

| ANOVA | | | | | |
| --- | --- | --- | --- | --- | --- |
| | 自由度 | SS | MS | F | 顯著值 |
| 迴歸 | 14 | 36347.1721 | 2596.22658 | 62.86673763 | 1.858E-111 |
| 殘差 | 662 | 27338.8132 | 41.2973008 | | |
| 總和 | 676 | 63685.9852 | | | |

| | 係數 | 標準誤 | t統計 | P-值 | 下限 95% | 上限 95% | 下限 95.0% | 上限 95.0% |
| --- | --- | --- | --- | --- | --- | --- | --- | --- |
| 截距 | 45.3585017 | 2.65221993 | 17.1020892 | 1.40497E-54 | 40.1507248 | 50.5662785 | 40.1507248 | 50.5662785 |
| **重量** | -0.003859 | 0.00403588 | -0.956174 | 0.339333389 | -0.0117837 | 0.00406566 | -0.0117037 | 0.00406566 |
| **佔有率** | 4453.73652 | 319.367594 | 13.9454866 | 6.11274E-39 | 3826.64102 | 5080.83201 | 3826.64102 | 5080.83201 |
| **商品單價** | -0.1492164 | 0.00820958 | -18.1759 | 3.42667E-60 | -0.1653364 | -0.1330965 | -0.1653364 | -0.1330965 |
| 商品類別_零食餅乾 | 2.42506142 | 1.73347284 | 1.3989613 | 0.162292925 | -0.978706 | 5.82882882 | -0.978706 | 5.82882882 |
| **商品類別_冷凍食品** | -3.0570733 | 1.78117727 | -1.7163218 | 0.086570982 | -6.554511 | 0.4403643 | -6.554511 | 0.4403643 |
| **商品類別_罐頭** | -2.8552713 | 1.99514116 | -1.4311124 | 0.15286988 | -6.7728386 | 1.06229594 | -6.7728386 | 1.06229594 |
| **商品類別_日用品** | -2.0278581 | 1.51840702 | -1.3355160 | 0.102166257 | -5.0093321 | 0.953616 | -5.0093321 | 0.953616 |
| **商品類別_肉類** | -1.8016393 | 1.26661537 | -1.4224044 | 0.155379889 | -4.2887069 | 0.6854283 | -4.2887069 | 0.6854283 |
| 商品類別_軟性飲料 | -4.6800842 | 1.89656809 | -2.4676595 | 0.013851791 | -8.4040979 | -0.9560705 | -8.4040979 | -0.9560705 |
| **商品類別_麵包** | 2.869099 | 2.0302335 | 1.4131867 | 0.158070833 | -6.855572 | 1.11737392 | -6.855572 | 1.11737392 |
| 商品類別_酒類 | 5.47442757 | 2.27225621 | 2.40924749 | 0.01625744 | 1.01272998 | 9.93612517 | 1.01272998 | 9.93612517 |
| 商品類別_其他 | -8.0077661 | 2.44081226 | -3.2807792 | 0.001089521 | -12.800433 | -3.2150996 | -12.800433 | -3.2150996 |
| **商品類別_海鮮** | -4.9198724 | 2.93720328 | -1.6750194 | 0.094402695 | -10.687229 | 0.84748463 | -10.687229 | 0.84748463 |
| 折扣與否_打折 | 1.65202177 | 0.55909358 | 2.95482157 | 0.003239611 | 0.55421137 | 2.74983216 | 0.55421137 | 2.74983216 |

紅色標示出來的變數，其 p 值低於顯著水準（5%），代表這些變數確實跟「銷售數量」有些相關性。另外，透過檢視每個變數的係數，可以研判此變數影響被解釋變數的程度有多少。

　　「佔有率」的係數為 4453.7，代表當「佔有率」增加 1 個單位，反映到「銷售數量」就會增加 4453.7 個單位。不過由於「佔有率」最大值是 1，因此增加 1 代表該商品佔據了整個店面，這是不可能發生的情況。因此我們可以將「佔有率」的係數解釋為當「佔有率」增加 0.001（也就是 0.1%）時，「銷售數量」會增加 4.4537 會比較合適。另外，「商品單價」的係數為 -0.15，代表當「商品單價」增加 1 個單位，「銷售數量」就會減少 0.15 個單位。

細心的讀者可能會發現，圖 6.3.5 跟圖 6.4.6 當中「商品單價」的係數不一樣。這是因為多元線性迴歸分析加入了更多的變數，所以同時考慮這些變數，可能就會發現有其他變數也會影響「銷售數量」，因此「商品單價」的係數也會跟著改變。

　　可以用一樣的方法解讀「商品類型_軟性飲料」、「商品類型_酒類」、「商品類型_其他」、「折扣與否_打折」的係數，接下我們來說明虛擬變數的係數需要注意的事項。

## ▍虛擬變數的係數

　　為了要幫助各位理解，我們將討論的「商品類別」範圍縮小到「蔬果」、「軟性飲料」、「其他」。我們在本書 5.4 節時，將類別變數轉換成虛擬變數時，要刪掉一個虛擬變數。這邊我們將「蔬果」刪掉，而**刪掉的類別稱為「基準類別」**。

　　如果有一筆資料的「商品類別」是「蔬果」，則 2 個虛擬變數「是否為軟性飲料」、「是否為其他」都會是 0，此時的「銷售數量」即為截距的值（圖 6.4.7 第一列）。如果有一筆資料的「商品類別」是「軟性飲料」，則「是否為軟性飲料」會是 1，此時「銷售數量」是截距加上「是否為軟性飲料」的係數（圖 6.4.7 第二列）。由此可知，虛擬變數的係數其實就是與基準類別（此處為蔬果）相比較時，被解釋變數還會額外增加（或減少）的量。

　　我們可以用同樣的方法來解釋「是否打折」，也就是如果商品有打折，可以比沒有打折多賣幾個商品。

**圖 6.4.7　解讀虛擬變數的係數**

直線方程式

**銷售數量 ＝ 截距 ＋ 係數一 × 是否為軟性飲料 ＋ 係數二 × 是否為其他**

|  | 蔬果 | 軟性飲料 | 其他 | 帶入直線方程式 |
|---|---|---|---|---|
| 資料屬於蔬果 | 1 | 0 | 0 | ┈▶ 銷售數量 ＝ 截距 |
| 資料屬於軟性飲料 | 0 | 1 | 0 | ┈▶ 銷售數量 ＝ 截距 ＋ 係數一 |
| 資料屬於其他 | 0 | 0 | 1 | ┈▶ 銷售數量 ＝ 截距 ＋ 係數二 |

基準類別

虛擬變數的係數，代表跟基準類別相比，
被解釋變數還會額外增加（或減少）的量。

回到圖 6.4.6，我們可以用以下的觀點來說明「商品類別」以及「折扣與否」對「銷售數量」的影響。

- 商品類型 _ 軟性飲料（係數為 -4.68）：與基準類別「蔬果」相比，資料如果是「軟性飲料」的話，銷售數量會減少 4.68 個單位。

- 商品類型 _ 酒類（係數為 5.47）：與基準類別「蔬果」相比，資料如果是「酒類」的話，銷售數量會增加 5.47 個單位。

- 商品類型 _ 其他（係數為 -8.01）：與基準類別「蔬果」相比，資料如果是「其他」的話，銷售數量會減少 8.01 個單位。

- 折扣與否 _ 打折（係數為 1.65）：與基準類別「定價」相比，資料如果是「打折」的話，銷售數量會增加 1.65 個單位。

# 根據多元線性迴歸做出結論

　　圖 6.4.6 中可以看到決定係數約為 0.56，比圖 6.3.5 的簡單線性迴歸分析高了將近 0.20。增加了解釋變數後，決定係數會提高，代表「商品單價」以外的解釋變數，提供 0.20 額外的解釋能力。

　　從圖 6.4.6，我們發現酒類的「銷售數量」較好，軟性飲料則較差。因此門市的陳設可以考慮將一部分的軟性飲料改為酒類，藉此來執行提升業績。此外有打折的商品銷售成績比較好，不過實際收入可能也會減少，如果可以適度調整單價再搭配折扣活動，或許也能提升業績。

多元線性迴歸分析就到這裡告一段落了。再來就要說明如何提高迴歸分析準確率囉。

**★ 小技巧　要注意是不是放入了過多的解釋變數**

執行多元線性迴歸分析時，需要注意是不是放入了過多的解釋變數。放入了越多解釋變數，雖然可以提高決定係數，讓模型看起來跟資料非常吻合，但也會讓模型越來越複雜、越難以解釋，也容易產生多元共線性問題（Multicollinearity）（下一節說明）。所以，希望讀者進行迴歸分析的時候，若發現加入的解釋變數不能增加決定係數太多，或是有 p 值較大的變數，就要排除這些變數來精簡模型，這又稱為「奧坎剃刀（Occam's Razor）」法則。

# 6.5 處理離群值（Outlier）與多元共線性（Multicollinearity）

本章的最後一節要來講解提高迴歸分析準確率的方法，我們要特別處理的問題有「離群值」跟「多元共線性」。

## ▌ 離群值的影響

本書第 5 章有提過，進行迴歸分析時，基本上要排除離群值。我們現在來看看有無離群值，對於迴歸分析的影響是什麼。chap6.xlsx 的 chap6-5-1 工作表，裡面準備了 2 個資料集，第 1 個資料集（左邊）比第 2 個資料集（右邊）多了「ID_CM19」、「ID_CJ19」、「ID_DK20」、「ID_DN39」、「ID_DS59」這 5 個「商品 ID」。我們判斷這 5 個商品為離群值，因為前 2 個的商品單價特別高，後 3 個的商品單價是 0 元。

圖 6.5.1　資料中的離群值

| | A | B | C | D | |
|---|---|---|---|---|---|
| 1 | 〈含有離群值的資料〉 | 商品ID | 商品單價 | 銷售數量 | |
| 2 | | ID_CM19 | 2680 | 51 | |
| 3 | | ID_CJ19 | 1520 | 49 | |
| 4 | | ID_DR25 | 245 | 5 | |
| | | | 234 | | |
| 679 | | ID_DU09 | | 61 | |
| 680 | | ID_RI39 | 59 | 56 | |
| 681 | | ID_DK20 | 0 | 22 | |
| 682 | | ID_DN39 | 0 | 30 | |
| 683 | | ID_DS59 | 0 | 20 | |

包含了 5 個離群值

2 個資料集的迴歸分析結果已經在工作表裡的 **F2** 跟 **U2** 儲存格，我們要觀察的重點是「商品單價」的係數、p 值、以及模型的決定係數，可以發現決定係數有很大的差異！

---

**圖 6.5.2　有無離群值對迴歸分析的影響**

包含離群值在內的迴歸分析結果

| 摘要輸出 | | | | | | |
|---|---|---|---|---|---|---|
| | | | | | | |
| 迴歸統計 | | | | | | |
| R 的倍數 | 0.04818502 | | | | | |
| R 平方 | 0.0023218 | | | | | |
| 調整的 R 平方 | 0.00085462 | | | | | |
| 標準誤 | 9.74894865 | | | | | |
| 觀察值個數 | 682 | | | | | |
| | | | | | | |
| ANOVA | | | | | | |
| | 自由度 | SS | MS | F | 顯著值 | |
| 迴歸 | 1 | 150.40353 | 150.40353 | 1.5824954 | 0.2088334 | |
| 殘差 | 680 | 64628.56 | 95.042 | | | |
| 總和 | 681 | 64778.963 | | | | |
| | | | | | | |
| | 係數 | 標準誤 | t 統計 | P-值 | 下限 95% | 上限 95% |
| 截距 | 28.3815252 | 0.6354667 | 44.662491 | 2.12E-204 | 27.133813 | 29.629238 |
| 商品單價 | -0.0040873 | 0.0032492 | -1.257973 | 0.2088334 | -0.010467 | 0.0022922 |

排除離群值之後的迴歸分析結果

| 摘要輸出 | | | | | | |
|---|---|---|---|---|---|---|
| | | | | | | |
| 迴歸統計 | | | | | | |
| R 的倍數 | 0.5997558 | | | | | |
| R 平方 | 0.3597071 | | | | | |
| 調整的 R 平方 | 0.3587585 | | | | | |
| 標準誤 | 7.7724762 | | | | | |
| 觀察值個數 | 677 | | | | | |
| | | | | | | |
| ANOVA | | | | | | |
| | 自由度 | SS | MS | F | 顯著值 | |
| 迴歸 | 1 | 22908.3 | 22908.3 | 379.2049984 | 2.295E-67 | |
| 殘差 | 675 | 40777.686 | 60.411386 | | | |
| 總和 | 676 | 63685.985 | | | | |
| | | | | | | |
| | 係數 | 標準誤 | t 統計 | P-值 | 下限 95% | 上限 95% |
| 截距 | 55.465622 | 1.4575294 | 38.054549 | 4.0183E-170 | 52.603786 | 58.327459 |
| 商品單價 | -0.181287 | 0.0093096 | -19.47319 | 2.29525E-67 | -0.199566 | -0.163008 |

離群值不過就只有 5 個，卻會影響係數、p 值、決定係數

## 為何會因為離群值而產生落差？

　　包含離群值的資料集分析結果（圖 6.5.2 上方），可以看到係數很接近 0，且 p 值為 0.20 已高於顯著水準，因此要不拒絕虛無假說，也就是係數可能是 0。此外，決定係數也非常低。然而，圖 6.5.3 下方則是採納對立假說，且有較高的決定係數。

　　只有 5 個離群值，怎麼會有截然不同的結論呢？讓我們來看看圖 6.5.3。迴歸分析是要盡可能找出一條最符合資料的直線。我們期待的直線如圖上的紅線，但是因為離群值的關係，迴歸分析後變成了藍色的直線。這樣的情況也發生在圖 6.5.2 的上方，因為離群值讓應該出現的紅線變成了藍線。如此一來，不僅係數改變，還導致 p 值變大，決定係數也降低。

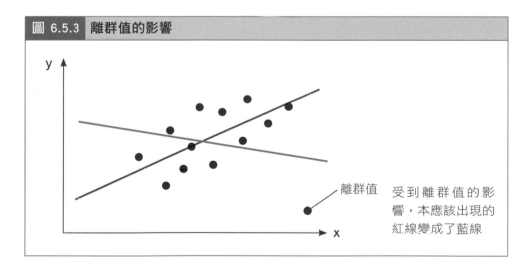

圖 6.5.3　離群值的影響

離群值　受到離群值的影響，本應該出現的紅線變成了藍線

　　不過，並非所有離群值都對迴歸分析帶來很大影響。從圖 6.5.4 可以看到，當離群值位在解釋變數（x 軸）的正中央，即便有很大的被解釋變數（y 軸）值，可能不會對迴歸分析帶來太多影響。所以，對迴歸分析來說，需要關注的離群值是「不在解釋變數的正中央，卻跟大多數資料不同」。只是，若要用 Excel 來判斷這樣的離群值就會有點困難，因此使用本書第 5 章的方法，直接排除掉那些跟整體相比來說差異較大的資料即可。

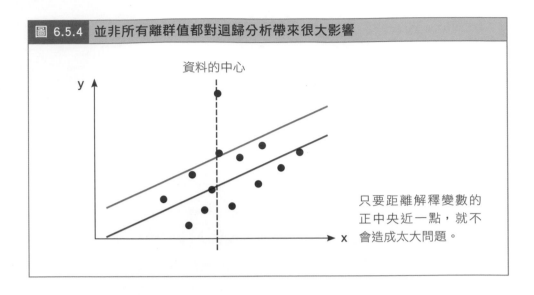

圖 6.5.4　並非所有離群值都對迴歸分析帶來很大影響

資料的中心

y

x

只要距離解釋變數的
正中央近一點，就不
會造成太大問題。

# 實作：運用 Excel 確認多元共線性問題 chap6.xlsx：chap6-5-2

多元共線性也是迴歸分析時需要留意的問題。多元共線性是指迴歸分析的解釋變數之間存在著強烈相關性，此時計算係數的過程會不穩定。我們來實際看一個範例。chap6-5-2 工作表裡面有「進貨單價」、「商品單價」、「銷售數量」的資料，也有「進貨單價」跟「商品單價」的相關係數：0.66，從散佈圖也可以看到「進貨單價」跟「商品單價」有相關。

圖 6.5.5　「進貨單價」跟「商品單價」的相關性

| | A | B | C | D | E | F | G | H | I | J |
|---|---|---|---|---|---|---|---|---|---|---|
| 1 | 商品ID | 進貨單價 | 商品單價 | 銷售數量 | | | | | | |
| 2 | ID_CI31 | 65 | 120 | 22 | | 進貨單價與商品單價的相關係數＝ | | | 0.6584065 | |
| 3 | ID_CJ31 | 139 | 208 | 19 | | | | | | |
| 4 | ID_CK31 | 41 | 142 | 14 | | | 進貨單價 - 商品單價 | | | |
| 5 | ID_CL07 | 66 | 127 | 19 | | | | | | |
| 6 | ID_CL31 | 82 | 157 | 25 | | | | | | |
| 7 | ID_CM07 | 69 | 129 | 27 | | | | | | |
| 8 | ID_CM43 | 61 | 149 | 33 | | | | | | |
| 9 | ID_CN14 | 100 | 195 | 14 | | | | | | |
| 10 | ID_CN43 | 41 | 150 | 25 | | | y = 0.861x + 87.699 | | | |
| 11 | ID_CO02 | 41 | 108 | 34 | | | R² = 0.4335 | | | |
| 12 | ID_CO55 | 59 | 150 | 21 | | | | | | |

那麼我們要來比較圖 6.5.6 的三種迴歸分析的結果。

| 圖 6.5.6 | 迴歸分析策略 |
| --- | --- |

- 策略 1：用「進貨單價」解釋「銷售數量」
- 策略 2：用「商品單價」解釋「銷售數量」
- 策略 3：用「進貨單價」跟「商品單價」解釋「銷售數量」

chap6-5-2 的 F15、F37、F59 儲存格已經放上圖 6.5.6 中三個策略的迴歸分析結果。我們把重點整理在圖 6.5.7。策略 1 跟策略 2 的結果顯示，「進貨單價」或是「商品單價」增加，會讓「銷售數量」降低，並且 p 值都比顯著水準（5％）還低。但是，從策略 3 的多元線性迴歸分析得知，「商品單價」增加會讓「銷售數量」降低，「進貨單價」對「銷售數量」幾乎沒有影響，看起來策略 3 的結果並沒有完美呼應跟策略 1、策略 2 的結果。

這是因為「進貨單價」與「商品單價」有較高相關性，出現了多元共線性，所造成的問題。

| 圖 6.5.7 | 「進貨單價」跟「商品單價」出現了多元共線性的問題 |
| --- | --- |

**策略 1：銷售數量＝ 39.6 － 0.16 × 進貨單價**

| | 係數 | 標準誤 | t 統計 | P-值 | 下限 95% | 上限 95% |
| --- | --- | --- | --- | --- | --- | --- |
| 截距 | 39.57822 | 1.1177155 | 35.409925 | 4.7988E-156 | 37.383604 | 41.772838 |
| 進貨單價 | -0.15624 | 0.0139758 | -11.17946 | 9.71878E-27 | -0.183683 | -0.128801 |

**策略 2：銷售數量＝ 55.5 － 0.18 × 商品單價**

| | 係數 | 標準誤 | t 統計 | P-值 | 下限 95% | 上限 95% |
| --- | --- | --- | --- | --- | --- | --- |
| 截距 | 55.46562 | 1.4575294 | 38.054549 | 4.0183E-170 | 52.603786 | 58.327459 |
| 商品單價 | -0.18129 | 0.0093096 | -19.47319 | 2.29525E-67 | -0.199566 | -0.163008 |

**策略 3：銷售數量＝ 55.5 － 0.00 × 進貨單價 － 0.18 × 商品單價**

| | 係數 | 標準誤 | t 統計 | P-值 | 下限 95% | 上限 95% |
| --- | --- | --- | --- | --- | --- | --- |
| 截距 | 55.46535 | 1.4587057 | 38.023676 | 7.3664E-170 | 52.601198 | 58.329506 |
| 進貨單價 | -0.00026 | 0.0161873 | -0.016177 | 0.987097655 | -0.032046 | 0.0315218 |
| 商品單價 | -0.18115 | 0.012378 | -14.63523 | 2.54811E-42 | -0.205459 | -0.156851 |

「進貨單價」、「商品單價」各自進行簡單線性迴歸分析時，都可以看到對「銷售數量」有負相關。可是當進行多元線性迴歸分析後，「進貨單價」係數幾乎為 0。

# 為什麼會有多元共線性的問題產生？

從圖 6.5.8 可以看出，使用 2 個強烈相關的解數變數，就會造成係數有無限多種可能，因此有可能出現比較沒有意義的係數推導結果。比如，某一個係數的數值異常大，另一個係數的數值異常小，一樣可以得到直線方程式。也就是說，一方的解釋變數的係數會試圖去補足另一方。雖然我們談論的是某 1 解釋變數跟另 1 個解釋變數所帶來的多元共線性問題，但其實某 1 個解釋變數跟多個解釋變數，也有可能造成多元共線性的問題，礙於本書的篇幅，我們不多做說明，實務上各位讀者要記得可能會有這樣的情形就可以。

---

**圖 6.5.8　多元共線性產生的機制**

**算式 ①：銷售數量 = 截距 + 係數一 × 進貨單價 + 係數二 × 商品單價**

**算式 ②：商品單價 = 1.0 × 進貨單價**
　　　　（假設「商品單價」跟「進貨單價」的相關係數為1）

將算式 ② 帶入算式 ①

**算式 ③：銷售數量 = 截距 + 係數一 × 進貨單價 + 係數二 ×（1.0 × 進貨單價）**
**　　　　　　　　= 截距 +（係數一 + 係數二）× 進貨單價**

假設正確答案為算式 ④：銷售數量 ＝ 0 ＋ 3 × 進貨單價

因為解釋變數多加上商品單價，Excel 函數要找最佳的係數時，就不會用算式 4，而是用算式 3，此時就可以有無限多組解。像是「係數一為 3、係數二為 0」或「係數一為 100、係數二為 –97」都可以。因此，如果存在相關性很大的解釋變數，Excel 函數就能從無限多組解當中選一個，造成計算過程不穩定。

事實上，要遇到解釋變數的相關係數為 1.0 的案例是極少數，不過只要相關性較強烈，還是會出現多元共線性問題。

使用迴歸分析並解讀結果來幫忙進行決策，若出現多元共線性，可能會造成誤判耶！

最糟的情況確實是做出的錯誤決策，因此要儘量避免多元共線性。而最簡單且最快速的方法，就是排除相關性太大的解釋變數。

換句話說，遇到 2 個解釋變數有強烈相關性，此時只要其中一個解釋變數改變了，其實也能知道另一個怎麼改變，所以就可以排除掉其中一個變數，對不對？

是的！或者是可以將 2 個解數變數加起來。比如，「1 樓的面積」跟「2 樓的面積」相加變成「總面積」，將 2 個解數變數合併成 1 個解釋變數。

---

**★ 小技巧　預先做好準備在開始執行迴歸分析**

實務上進行資料分析時，不會什麼事都沒做，就發現多元共線性的問題。因此，我們都要先檢查解釋變數的相關性，把確實存在著相關性，並確定可以將此解釋變數排除，再去執行迴歸分析。

**MEMO**

# Chapter 7

# 運用數學最佳化
# 找最合適的營運策略

# 7.1 調整參數使目標最大化

學會了敘述統計、資料視覺化、假設檢定、迴歸分析，若能好好運用，就能透過 Excel 進行資料分析來贏過競爭對手了呢！

一開始是煩惱業績不好，現在已經開始想怎麼超越競爭對手！那麼就來教你「數學最佳化」吧。

數學最佳化是什麼呀？

比如，我們想要將利潤最大化時，應該將商品單價定為多少，就會用到數學最佳化。

只要學會就可以提高公司獲利了！

數學最佳化並不容易，接下來我們會以「理解最佳化的概念、思維，掌握實務上常用的方法」為主。

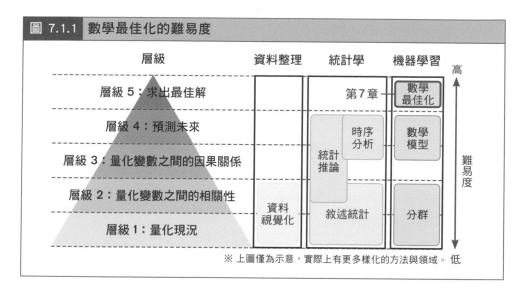

圖 7.1.1 數學最佳化的難易度

## 最佳化的意思

　　我們常常聽到「最佳化」，在學術上又稱為「數學最佳化」，但是也常沒有明確定義就使用了這個詞。像是「廣告最佳化」、「人員排班最佳化」等用法，雖然很常出現，不過「數學最佳化」是存在明確的思考邏輯。

　　若要以一句話來解釋數學最佳化，就是「**透過調整變數，來最大化（或者最小化）目標函數**」。接下我們以圖 7.1.2 為例。

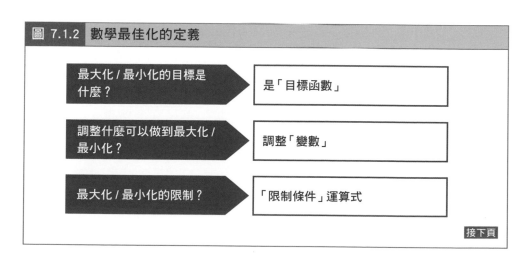

圖 7.1.2 數學最佳化的定義

| 最大化 / 最小化的目標是什麼？ | 是「目標函數」 |
| 調整什麼可以做到最大化 / 最小化？ | 調整「變數」 |
| 最大化 / 最小化的限制？ | 「限制條件」運算式 |

接下頁

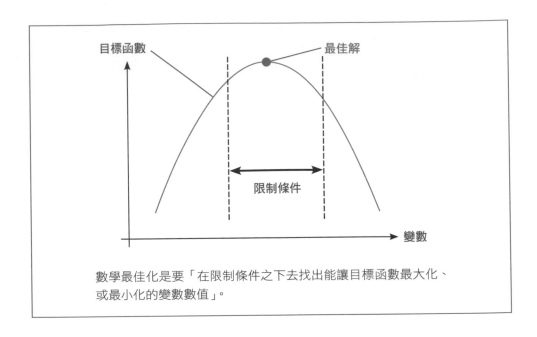

數學最佳化是要「在限制條件之下去找出能讓目標函數最大化、或最小化的變數數值」。

使用數學最佳化，首先要決定「變數」跟「目標函數」。設定變數的方式就是思考「想要透過數學最佳化知道某件事的最佳解」。比如，廣告最佳化中，變數為「不同平台上刊登廣告的費用要多少」、「廣告出現的順序應該是什麼」等。我們必須明確指出哪個變數想要最佳化，並且要有辦法用數值呈現該變數。

當變數決定好了，接著要訂一個方法來評判什麼才是「最佳」，而這就是「目標函數」。目標函數會隨著我們調整變數而產生不同的輸出。在圖 7.1.2 中，可以看到水平（x）軸是變數的數值，垂直（y）軸是目標函數的輸出，最佳化就是找出「能使目標函數最大化或者最小化的變數數值」。

雖然我們希望可以隨意設定變數的數值，但是大多數都不是這種情況，而是變數的數值有範圍限制，這稱為「**限制條件**」。由於限制條件也會用方程式來表示，所以又稱為**條件運算式**。因此，實務上的數學最佳化是「在滿足限制條件的情況下，透過調整變數，來最大化（或者最小化）目標函數的輸出」。

# 用方程式表示待解決的問題

　　想要使用數學最佳化，則要使用數學方程式來表示待解決的問題。換句話說，我們要將現實世界的問題，改寫成數學方程式，然後透過研究數學方程式，來找出現實問題的最佳解答。因此，無法正確將問題改寫成數學方程式，就無法套用此方法來解決問題；或是改寫後的數學方程式偏離現實問題太多，造成我們研究的數學方程式，最終無法應用在現實世界。當我們使用數學最佳化時，都要不斷提醒自己「變數、目標函數、限制條件」是否需要調整。

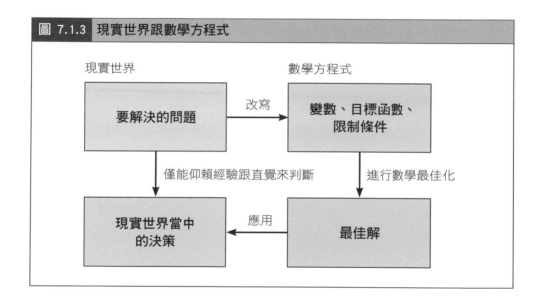

圖 7.1.3　現實世界跟數學方程式

接下來我們就來實際演練數學最佳化，希望操作資料之後，讀者可以更瞭解數學最佳化。

## ★小技巧　背包問題 (Knapsack Problem)

「背包問題」是數學最佳化當中相當有名的例子，目標是要最大化「放入背包當中物品價值的總和」。背包有容量上的限制，物品的體積允許才能放得進背包。每件物品除了體積，還有定義物品的價值。於是我們能以下述的方式，將這個問題改寫成方程式，在用數學最佳化的技巧解開方程式。

**圖 7.1.4　背包問題的數學最佳化**

- **目標函數 ： 放入背包當中物品價值的總和。**
- **變數 ： 是否將某物品放入背包。**
- **限制條件 ： 背包可容納的總體積。**

## 小編補充　訓練機器學習的模型，也是數學最佳化的應用

機器學習的演算法，其實也是數學最佳化。模型當中有很多可以調整的變數，又稱為參數 (parameter)。透過調整模型的參數，來最小化目標函數，又稱為損失函數 (loss function)。常見的演算法如梯度下降法 (gradient descent)、Q 學習 (Q - learning) 等。關於訓練模型的相關內容，可以參考旗標出版的「資料科學的建模基礎 - 別急著 coding ！ 你知道模型的陷阱嗎？」。

# 7.2 運用規劃求解增益集來最佳化「商品單價」

這次要解決的問題是「將 135 個蔬果品項的商品單價最佳化，讓總利潤最大化」[註1]。在這個問題當中，變數就是「商品單價」。接下來要處理目標函數，我們要用數學方程式來表示總利潤，作法如圖 7.2.2。

---

| 圖 7.2.1　變數 |
| --- |
| **每款商品的「商品單價」** |

---

| 圖 7.2.2　目標函數 |
| --- |
| **目標函數 = 總利潤**<br>**= 每個商品利潤的加總**<br>**= 每個商品「銷售數量」×（「商品單價」－「進貨單價」）的加總** |

---

雖然圖 7.2.2 當中看起來，除了「商品單價」之外，還有「進貨單價」這個變數。但事實上「進貨單價」常常是供應商決定，我們無法任意調整，因此這邊就假設「進貨單價」都無法調整。接下來，我們就只能透過調整「商品單價」來最大化目標函數。

雖然說我們只需要考慮「商品單價」，但是現在有 135 個商品，每個商品都有一個「商品單價」，因此我們可以調整的變數是 135 個「商品單

---

註1　由於 Excel 的限制，無法計算所有商品，因此才會先聚焦在蔬果類的「商品單價」最佳化。另外此處的「利潤」指的是毛利。

價」，透過調整這 135 個變數來讓利潤最大化 註2。雖然從圖 7.2.2 看起來，只要調高「商品單價」就可以增加利潤，不過本書第 6 章的迴歸分析告訴我們，當「商品單價」上升，「銷售數量」可能會下降，所以一昧提高「商品單價」，並不保證一定會增加利潤。

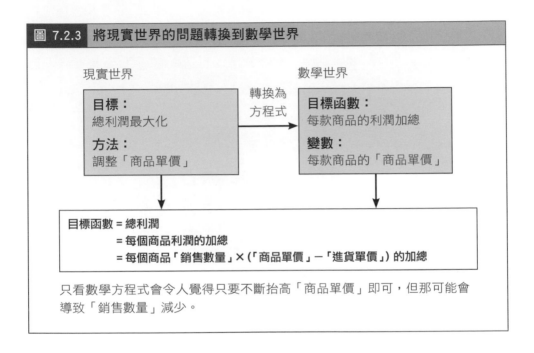

圖 7.2.3　將現實世界的問題轉換到數學世界

現實世界

**目標：**
總利潤最大化

**方法：**
調整「商品單價」

轉換為
方程式

數學世界

**目標函數：**
每款商品的利潤加總

**變數：**
每款商品的「商品單價」

目標函數 = 總利潤
　　　　　= 每個商品利潤的加總
　　　　　= 每個商品「銷售數量」×（「商品單價」－「進貨單價」）的加總

只看數學方程式會令人覺得只要不斷抬高「商品單價」即可，但那可能會導致「銷售數量」減少。

## ▌運用簡單線性迴歸分析求出商品單價與銷售數量的關係式

對於「商品單價上升可能會造成銷售數量下降」的問題，我們可以使用本書第 6 章提到的迴歸分析，來看這 2 個變數的關係。從圖 7.2.4 的散佈圖看起來，「商品單價」跟「銷售數量」之間確實存在負相關，圖 7.2.5 呈現出它們的關係式。

---

註2　其實這邊有一個條件限制：「商品單價」必須不能小於 0，不過 Excel 的增益集可以簡單做到，後續會提，所以這邊就先不考慮這個條件限制。

圖 7.2.4　蔬果「商品單價」與「銷售數量」的散佈圖

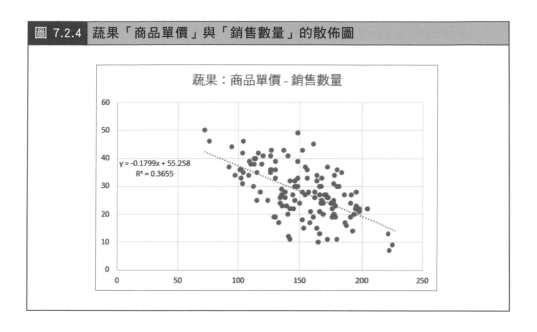

圖 7.2.5　「商品單價」與「銷售數量」的迴歸分析結果

| 摘要輸出 | | | | | | | | |
|---|---|---|---|---|---|---|---|---|
| 迴歸統計 | | | | | | | | |
| R 的倍數 | 0.604554611 | | | | | | | |
| R 平方 | 0.365486278 | | | | | | | |
| 調整的 R 平方 | 0.360715498 | | | | | | | |
| 標準誤 | 7.404478171 | | | | | | | |
| 觀察值個數 | 135 | | | | | | | |
| | | | | | | | | |
| ANOVA | | | | | | | | |
| | 自由度 | SS | MS | F | 顯著值 | | | |
| 迴歸 | 1 | 4200.2062 | 4200.206206 | 76.609336 | 8.216E-15 | | | |
| 殘差 | 133 | 7291.8975 | 54.82629698 | | | | | |
| 總和 | 134 | 11492.104 | | | | | | |
| | | | | | | | | |
| | 係數 | 標準誤 | t 統計 | P-值 | 下限 95% | 上限 95% | 下限 95.0% | 上限 95.0% |
| 截距 | 55.25771995 | 3.1654865 | 17.45631202 | 3.257E-36 | 48.99651 | 61.51893 | 48.99651028 | 61.51893 |
| 商品單價 | -0.179906319 | 0.0205544 | -8.752675932 | 8.216E-15 | -0.220562 | -0.13925 | -0.220562198 | -0.13925 |

根據圖中的迴歸分析的結果，可以得知「銷售數量」＝ 55.26 － 0.18 ×「商品單價」。

從圖 7.2.5 來看，「商品單價」與「銷售數量」的關係式就是「銷售數量 = 55.26 – 0.18 × 商品單價」，接下來我們會需要使用這個關係式[註3]。

## 更新目標函數

現在，我們把迴歸分析的結果，跟目標函數結合在一起。為了讓數學方程式看起來比較簡潔，我們將迴歸分析中的「截距 = 55.26」改寫為 a、「係數 = −0.18」改寫為 b。合併之後如圖 7.2.6。

---

**圖 7.2.6　合併迴歸分析以及目標函數**

目標函數 = 每個商品「銷售數量」×（「商品單價」−「進貨單價」）的加總
　　　　 = b×「商品單價」×「商品單價」+（a − b×「進貨單價」）×
　　　　　　「商品單價」− a ×「進貨單價」

---

從圖 7.2.6 的數學方程式中可以看出，a、b、「進貨單價」都是固定值，只有「商品單價」可以調整，因此目前我們已經有「目標函數」跟「變數」的關係式。接下來，我們針對 135 個商品都寫下如圖 7.2.6 的數學方程式，為了能夠區分這 135 個數學方程式，我們新增一個範圍從 1 到 135 的索引 i，每一個 i 值代表一個商品的數學方程式。最後，只要針對每個商品去調整「商品單價」，就可以最大化總利潤。

---

註3　雖然圖 7.2.5 中的決定係數只有 0.365，並不是很高，不過本書主要講解的是最佳化的方法，因此就直接使用目前迴歸分析的成果，不再仔細探究如何提高決定係數。

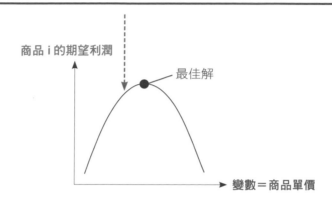

**圖 7.2.7** 最佳化的方程式

目標函數 = 將所有「商品i的利潤」加總

> 商品i的利潤 = b × 商品i的「商品單價」× 商品i的「商品單價」+
> （a − b × 商品i的「進貨單價」）× 商品i的「商品單價」−
> a × 商品i的「進貨單價」

商品i的期望利潤

最佳解

變數 = 商品單價

調整商品i的「商品單價」，使每個商品i的利潤都最大化，就能最大化目標函數。

　　將圖 7.2.3 與圖 7.2.7　數學方程式相比，圖 7.2.7 經過代換之後消除了「銷售數量」，只剩「商品單價」這個變數可以影響目標函數。因此現在我們只需要去思考「當商品單價是多少時，可以讓目標函數變成最大」就可以了。圖 7.2.7 中的數學方程式會呈現凹口向下圖形（精準地說是凹口向下的二次函數），所以說在圖形當中的頂點處可以最大化目標函數，即是最佳解，也就是我們要的「商品單價」。

> 圖 7.2.3 跟圖 7.2.7 兩者相互比較，前者有放入「銷售數量」這個資訊，後者則沒放入。有放入「銷售數量」的話數學方程式就會變得比較難以理解。此時可以利用「銷售數量」跟「商品單價」彼此呈現負相關，將數學方程式改寫成只用「商品單價」即可。

寫出目標函數後，接下來就是要找出最佳的「商品單價」。最佳化計算並不簡單，甚至有些問題可能找不到最佳解。不過，Excel 已經有增益集可以幫助我們處理比較簡單的數學最佳化問題，現在就來看看如何使用吧。

★ 小技巧　運用微分求出最佳解

> 如果目標函數可以微分，其實可以算出解析解（編註：可以用數學式表達最佳解）。而使用 Excel 的增益集執行最佳化時，通常不會去找解析解，而是會使用數值分析的方法慢慢逼近最佳解，最後得到數值解。

## ▌實作：運用規劃求解增益集求出最佳解　　chap7.xlsx

我們要使用 Excel 的規劃求解增益集。如果尚未安裝，請參考本書 1.5 節的講解來安裝。

## ▌確認資料最佳化之前的狀態

首先，我們要掌握好資料的狀態。請開啟練習檔 chap7.xlsx 當中的 **chap7-2_ 資料初始樣貌**工作表，A 欄到 P 欄是原始資料、資料視覺化、迴歸分析的結果。我們可以看到 135 個品項詳細資料，包含「進貨單價」、「商品單價」、「銷售數量」。

接著我們依據這些資訊，在 H3 儲存格到 I5 儲存格計算目前的「總進貨成本」以及「總營收」。「總進貨成本」就是把將每一個品項的「進貨單價」乘上「銷售數量」加總，「總營收」則是將每一個品項的「商品單價」乘上「銷售數量」加總。將「總營收」減去「總進貨成本」，就可以得到目前的「總毛利」為 271,139 元。接下來我們進行最佳化，必須要讓「總毛利」大於 271,139。

---

**圖 7.2.8　資料最佳化之前的狀態**

| | C | D | E | F | G | H | I |
|---|---|---|---|---|---|---|---|
| | 進貨單價 | 商品單價 | 商品單價 - 進貨單價 | 銷售數量 | | | |
| | 85 | 126 | 41 | 36 | | | |
| | 86 | 167 | 81 | 24 | | 總營收 | 549,287 |
| | 84 | 177 | 93 | 25 | | 總進貨成本 | 278,148 |
| | 82 | 112 | 30 | 30 | | 總毛利 | **271,139** |
| | 109 | 191 | 82 | 24 | | | |
| | 48 | 127 | 79 | 36 | | 商品單價 | |
| | 93 | 176 | 83 | 19 | | 最小值 | 72 |
| | 95 | 192 | 97 | 27 | | 最大值 | 226 |
| | 42 | 103 | 61 | 42 | | | |
| | 79 | 168 | 89 | 33 | | 進貨單價 | |
| | 72 | 177 | 105 | 24 | | 最小值 | 23 |
| | 86 | 177 | 91 | 31 | | 最大值 | 128 |
| | 119 | 198 | 79 | 21 | | | |
| | 48 | 134 | 86 | 26 | | 商品單價 - 進貨單價 | |
| | 63 | 154 | 91 | 37 | | 最小值 | 12 |
| | 60 | 104 | 44 | 46 | | 最大值 | 128 |

「總營收」＝（「商品單價」×「銷售數量」）的加總＝ 549,287
「總進貨成本」＝（「進貨單價」×「銷售數量」）的加總＝ 278,148
「總毛利」＝「總營收」-「總進貨金額」＝ <u>271,139</u>

---

# ▌ 進行最佳化

　　在 chap7.xlsx 的 chap7-2_ **無條件限制**的工作表中，L 欄〜S 欄已經預先放入了想要最佳化的資料，O 欄的「商品單價」欄位目前都是空的，這邊我們要填入最佳化之後的「商品單價」。S3 到 S5 儲存格已經預先寫好「總營收」、「總進貨成本」、「總毛利」的公式，但因為現在「商品單價」都還空白，所以「總營收」是 0 元、「總毛利」是負值。另外，由於調整「商品單價」的同時，P 欄的「銷售數量」也會跟著改變，等到我們找到最佳的「商品單價」後，「銷售數量」的數值就會依照圖 7.2.5 迴歸分析得到的直線方程式算出，因此，現階段我們不用管「銷售數量」的數字是什麼。

　　了解工作表內容後，我們就要來操作最佳化。

**圖 7.2.9　進行最佳化**

| | L | M | N | O | P | Q | R | S |
|---|---|---|---|---|---|---|---|---|
| 1 | 〈無條件限制〉 | 商品ID | 進貨單價 | 商品單價 | 銷售數量 | | | |
| 2 | | ID_DA07 | 85 | | 55.25772 | | | |
| 3 | | ID_DA08 | 86 | | 55.25772 | | 總營收 | 0 |
| 4 | | ID_DA43 | 84 | | 55.25772 | | 總進貨成本 | 565,784 |
| 5 | | ID_DA44 | 82 | | 55.25772 | | 總毛利 | (565,784) |
| 6 | | ID_DA55 | 109 | | 55.25772 | | | |
| 7 | | ID_DA56 | 48 | | 55.25772 | | 商品單價 | |
| 8 | | ID_DB08 | 93 | | 55.25772 | | 最小值 | 0 |
| 9 | | ID_DB21 | 95 | | 55.25772 | | 最大值 | 0 |
| 10 | | ID_DB32 | 42 | | 55.25772 | | | |
| 11 | | ID_DB44 | 79 | | 55.25772 | | | |
| 12 | | ID_DB56 | 72 | | 55.25772 | | | |
| 13 | | ID_DB57 | 86 | | 55.25772 | | | |
| 14 | | ID_DC08 | 119 | | 55.25772 | | | |
| 15 | | ID_DC32 | 48 | | 55.25772 | | | |
| 16 | | ID_DC33 | 63 | | 55.25772 | | | |
| 17 | | ID_DC44 | 60 | | 55.25772 | | | |
| 18 | | ID_DC45 | 60 | | 55.25772 | | | |

此為變數欄位，使用規劃求解增益集來執行最佳化後，填入最好的「商品單價」。

此為目標函數欄位，我們要最大化總毛利，其數值由「進貨單價」、「商品單價」、「銷售數量」計算而得（編註：計算前總營收為 0，毛利是負的）。

步驟 ❶：點選**資料**頁籤中的**規劃求解**。

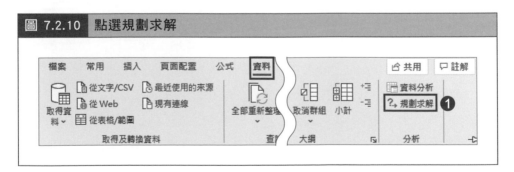

**圖 7.2.10　點選規劃求解**

步驟 ❷：設定目標函數，其函數定義已經在 S5 儲存格，所以我們在**設定目標式**的區域輸入「$S$5」。

步驟 ❸：我們要最大化目標函數，所以在**至：**的區域點選**最大值**。

步驟 ❹：設定變數，其變數位在 O2 到 O136 儲存格，所以我們在**藉由變更變數儲存格**的區域輸入「$O$2:$O$136」。

步驟 ❺：因為「商品單價」不能小於 0，因此要勾選**將未設限的變數設為非負數**。

步驟 ❻：在**選取求解方法**的區域選擇 GRG 非線性。

步驟 ❼：如果**設定限制式**的區域當中有任何限制式，請點選該限制式後按右側的**刪除**來淨空。

步驟 ❽：點選**求解**。

圖 7.2.11　設定規劃求解

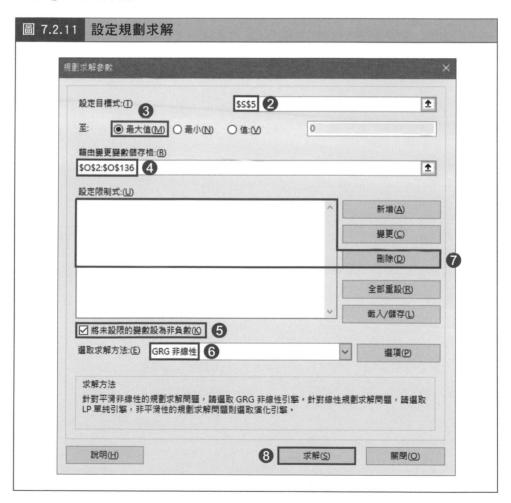

步驟 ❾：讓電腦跑一陣子之後，就會出現**規劃求解結果**的視窗，如果有出現「**規劃求解找到解答。可滿足所有限制式和最適率條件。**」的訊息，代表有找到最佳解，接著按下確定看結果。

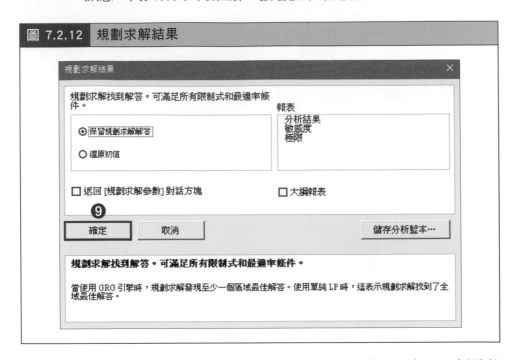

圖 7.2.12　規劃求解結果

我們可以看到 O 欄當中已經填入所有品項的最佳商品單價，目標函數的結果可以發現總毛利是 327,785 元，這跟執行最佳化之前的 271,139 元相比，增加了 56,646 元。

圖 7.2.13　確認最佳解

| | L | M | N | O | P | Q | R | S |
|---|---|---|---|---|---|---|---|---|
| 1 | （無條件限制） | 商品ID | 進貨單價 | 商品單價 | 銷售數量 | | | |
| 2 | | ID_DA07 | 85 | 196.07369 | 19.982825 | | | |
| 3 | | ID_DA08 | 86 | 196.5735 | 19.892905 | | 總營收 | 534,950 |
| 4 | | ID_DA43 | 84 | 195.57369 | 20.072777 | | 總進貨成本 | 207,165 |
| 5 | | ID_DA44 | 82 | 194.57372 | 20.252677 | | 總毛利 | 327,785 |
| 6 | | ID_DA55 | 109 | 208.07352 | 17.823979 | | | |
| 7 | | ID_DA56 | 48 | 177.57371 | 23.311088 | | 商品單價 | |
| 8 | | ID_DB08 | 93 | 200.07358 | 19.263219 | | 最小值 | 165.07355 |
| 9 | | ID_DB21 | 95 | 201.07373 | 19.083286 | | 最大值 | 217.573761 |
| 10 | | ID_DB32 | 42 | 174.57344 | 23.850855 | | | |
| 11 | | ID_DB44 | 79 | 193.07379 | 20.522526 | | | |
| | | ID_DB56 | | | 4.59212 | | | |

　　為了方便讀者做比較，我們在 Z3 儲存格到 AB5 儲存格放入了最佳化之前跟之後的「商品單價平均數」以及「銷售數量平均數」。可以發現執行最佳化之後，「商品單價平均數」上升了，同時而「銷售數量平均數」則下降了，這表示雖然整體來說賣出去的商品數變少，不過因為提高了單價，營業額還是會增加。

| 圖 7.2.14 | 比較最佳化之前跟之後「商品單價」與「銷售數量」 |
|---|---|

|  | 前 | 後 |
|---|---|---|
| 平均商品單價 | 150.85185 | 191.49582 |
| 平均銷售數量 | 28.118519 | 20.806413 |

不過實際情況真的是這樣嗎？商品的價格越高，消費者應該越不想買吧！

有些商品確實會因為價格變貴，而讓消費者購買意願降低。上述的分析中，我們使用線性迴歸分析來找「商品單價」跟「銷售數量」的直線方程式。但是有可能跟實際情況差異太大，因為有些商品價格上漲後，銷售數量會瞬間大幅下降。如果發生這種情況，那麼「商品單價」跟「銷售數量」的直線方程式就會偏離實際狀況。為了要能夠更正確求出最佳解，我們需要更清楚瞭解「商品單價」跟「銷售數量」之間的關係式，再來執行最佳化。

# 7.3 條件受限時的最佳化

上一節我們在沒有任何限制的情況下，找出了「商品單價」的最佳解。不過實際應用上常常會有一些限制，比如說「商品單價增加，消費者購買意願大幅下降，導致銷售數量太低，反而造成總利潤減少。所以需要商品單價的上限值是進貨單價加 100 元」。我們用圖 7.3.1 來看有無條件限制的差異。

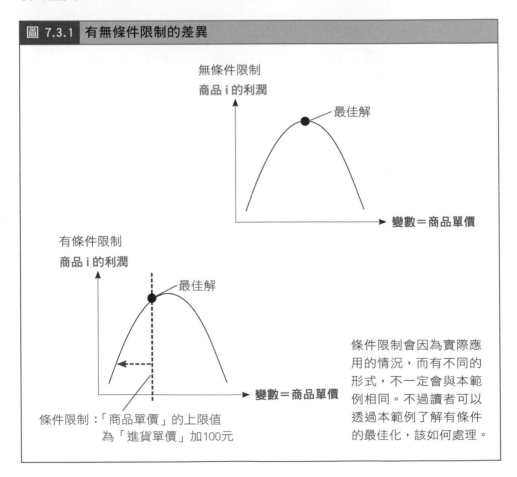

**圖 7.3.1　有無條件限制的差異**

無條件限制
商品 i 的利潤

最佳解

變數＝商品單價

有條件限制
商品 i 的利潤

最佳解

變數＝商品單價

條件限制：「商品單價」的上限值
　　　　　為「進貨單價」加100元

條件限制會因為實際應用的情況，而有不同的形式，不一定會與本範例相同。不過讀者可以透過本範例了解有條件的最佳化，該如何處理。

# 實作：運用規劃求解增益集 求出有條件限制的最佳解

chap7.xlsx

我們要加入條件限制：「商品單價」的上限值為「進貨單價」加 100 元。在 chap7.xlsx 的 chap7-3_ 有條件限制工作表中的 L 欄到 Q 欄裡，已經預先放入了原始資料。跟前一節不同的地方在於多了「最高商品單價」這欄，此欄的資料都是「進貨單價加 100 元」，我們必須確定最佳化得到的「商品單價」，必須低於「最高商品單價」。接下來，我們就要來操作有條件限制的最佳化。

---

**圖 7.3.2** 「最高商品單價」的限制

| | L | M | N | O | P | Q | R | S | T |
|---|---|---|---|---|---|---|---|---|---|
| 1 | 〈有條件限制〉 | 商品ID | 進貨單價 | 商品單價 | 銷售數量 | 最高商品單價 | | | |
| 2 | | ID_DA07 | 85 | | 55.25772 | 185 | | | |
| 3 | | ID_DA08 | 86 | | 55.25772 | 186 | | 總營收 | 0 |
| 4 | | ID_DA43 | 84 | | 55.25772 | 184 | | 總進貨成本 | 565,784 |
| 5 | | ID_DA44 | 82 | | 55.25772 | 182 | | 總毛利 | (565,784) |
| 6 | | ID_DA55 | 109 | | 55.25772 | 209 | | | |
| 7 | | ID_DA56 | 48 | | 55.25772 | 148 | | 商品單價 | |
| 8 | | ID_DB08 | 93 | | 55.25772 | 193 | | 最小值 | 0 |
| 9 | | ID_DB21 | 95 | | 55.25772 | 195 | | 最大值 | 0 |
| 10 | | ID_DB32 | 42 | | 55.25772 | 142 | | | |
| 11 | | ID_DB44 | 79 | | 55.25772 | 179 | | | |
| 12 | | ID_DB56 | 72 | | 55.25772 | 172 | | | |
| 13 | | ID_DB57 | 86 | | 55.25772 | 186 | | | |
| | | ID_DC08 | | | | 219 | | | |

最高商品單價＝進貨單價加100元

最佳化得到的「商品單價」，必須低於「最高商品單價」。

步驟 ❶：點選**資料**頁籤中的**規劃求解**。

步驟 ❷：在**設定目標式**的區域輸入「$T$5」。

步驟 ❸：我們要最大化目標函數，所以在**至：**的區域點選**最大值**。

步驟 ❹：在**藉由變更變數儲存格**的區域輸入「$O$2:$O$136」。

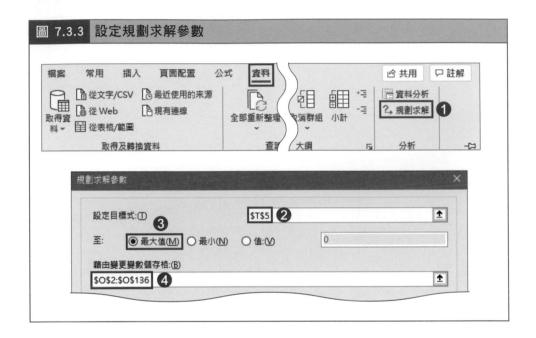

圖 7.3.3　設定規劃求解參數

步驟 ❺：如果**設定限制式**的區域當中有任何限制式，請點選該限制式後按右側的**刪除**來淨空。

步驟 ❻：在**設定限制式**的區域點選**新增**。

步驟 ❼：設定哪個變數有限制，**新增限制式**的對話框中的**儲存格參照**的區域輸入「$O$2:$O$136」。

步驟 ❽：設定限制式，**新增限制式**的對話框中的**儲存格參照**的區域輸入「$Q$2:$Q$136」。

步驟❾：設定限制範圍，我們希望「商品單價」小於「最高商品單價」，所以要點選 🔽，選擇＜＝。

步驟❿：按下**確定**。

圖 7.3.4　設定規劃求解參數

步驟 ⑪：因為「商品單價」不能小於 0，因此要勾選**將未設限的變數設為非負數**。

步驟 ⑫：在**選取求解方法**的區域選擇 GRG **非線性**。

步驟 ⑬：點選**求解**。

圖 7.3.5  執行規劃求解

步驟 ⑭：讓電腦跑一陣子之後，就會出現**規劃求解結果**的視窗，如果有出現「**規劃求解找到解答。可滿足所有限制式和最適率條件。**」的訊息，代表有找到最佳解，接著按下確定看結果。

圖 **7.3.6** 確認規劃求解結果

從最佳化的結果發現，其實大部分的「商品單價」都停在「最高商品單價」，只有少數如「ID_DC08」是低於「最高商品單價」。此外，總毛利從無限制條件的 327,785 元，下降到 318,950 元，但是還是比最佳化之前的 271,139 元高。通常有條件限制的最佳化，得出來的結果都會比無條件限制的結果還差。也就是說，如果加上限制之後還可以得到更好的結果，就要檢查最佳化過程哪裡出問題了。

圖 **7.3.7** 確認最佳解

大部分的「商品單價」都跟「最高商品單價」一樣，只有少數是低於「最高商品單價」。總毛利為318,950元（最佳化之前是271,139元，無條件限制時則是327,785元），雖然比無條件限制時來得低，不過跟最佳化之前相比，利潤依然是增加了。

| | L | M 商品ID | N 進貨單價 | O 商品單價 | P 銷售數量 | Q 最高商品單價 | R | S | T |
|---|---|---|---|---|---|---|---|---|---|
| 1 | （有條件限制） | 商品ID | 進貨單價 | 商品單價 | 銷售數量 | 最高商品單價 | | | |
| 2 | | ID_DA07 | 85 | 185 | 21.975051 | 185 | | | |
| 3 | | ID_DA08 | 86 | 186 | 21.795145 | 186 | | 總營收 | 550,063 |
| 4 | | ID_DA43 | 84 | 184 | 22.154957 | 184 | | 總進貨成本 | 231,113 |
| 5 | | ID_DA44 | 82 | 182 | 22.51477 | 182 | | 總毛利 | 318,950 |
| 6 | | ID_DA55 | 109 | 207.49583 | 17.927908 | 209 | | | |
| 7 | | ID_DA56 | 48 | 148 | 28.631585 | 148 | | 商品單價 | |
| 8 | | ID_DB08 | 93 | 193 | 20.5358 | 193 | | 最小值 | 123 |
| 9 | | ID_DB21 | 95 | 195 | 20.175988 | 195 | | 最大值 | 216.96946 |
| 10 | | ID_DB32 | 42 | 142 | 29.711023 | 142 | | | |
| 11 | | ID_DB44 | 79 | 179 | 23.054489 | 179 | | | |
| | | ID_DB56 | | | | 172 | | | |

雖然我們沒有提到太多關於如何找到最佳解的數學運算,但是最佳化本身的基本概念並不難吧!

我覺得數學最佳化的思維,很適合商務應用,這是一種看待問題的方法。

沒錯!我們試圖將問題,轉化成「要達成的目標是什麼、要最大化、還是最小化、可以調整的變數、有無條件上的限制」,藉此讓思緒跟清晰。我們可以在工作上發現各種可以透過數學最佳化來解決的問題,這時候就可以用我們提到的 Excel 規劃求解增益集來處理囉!

---

**★ 小技巧** 靈活的動態定價

面對瞬息萬變的市場,有些人會使用更靈活的戰略,像是動態定價 (Dynamic Pricing)。比如,日本環球影城 (USJ) 的門票票價會根據需求以及環境狀態而不斷調整,即是使用動態定價。不過,真的要去如此頻繁地改變定價,不只是有數學最佳化問題,還包含公司系統設計上的調整,困難度也會立刻提升許多。

# 結語

　　感謝對於本書的青睞。本書從資料分析的思維作為出發點，並以 Excel 作為工具，講解基本且常用的技術。尤其像是假設檢定、迴歸分析這些統計學上的分析方法，書中儘量不使用數學來描述基本觀念，而是盡可能地去提及哪些內容可能會與實務更有相關。

　　希望讀者可以掌握書中較基本的內容，而比較進階的部分，請各位讀者多閱讀幾次。以筆者自身的經驗來說，起初剛開始接觸統計學、機器學習這些資料科學相關領域時，也不是一本書看一次就完全了解，而是不斷地重複閱讀，並且將所學應用到實務上，才慢慢了解知識的精髓以及知道哪些重點是實務上要留意到的部分。學海無涯、博大精深，筆者也還在學習的道路上，也感受到自己依然有著相當多需要精進與學習的事物。

　　筆者由衷建議各位讀者閱讀本書之後，可以用任何形式嘗試「實踐」看看，如果遇到可以運用資料分析來解決問題，都是大好的挑戰機會。剛開始可以從敘述統計跟資料視覺化出手，比較快得到一些成果，可能也足夠解決問題了。當讀者比較習慣資料分析後，再來嘗試更進階的統計方法。除了工作上的資料，還有很多讀者自己有興趣、或者網路上的公開資料，都等著各位讀者探索與發掘。從自身的興趣出發來學習新的事物，比較容易長久耕耘。

　　如果各位讀者覺得「讀完這本書之後我還想知道更多」的話，可以進一步挑戰更難統計學題材、或者機器學習、深度學習等領域。除了 Excel 之外，學習 R 語言或者 Python 語言也會對於資料分析很有幫助。

最後，我們永遠不能忘記資料分析的目標：「資料分析這件事本身並不是目標，資料分析是讓我們在進行決策時，可以佐證我們的判斷，或是最大化某個價值的方法」。我們要記得資料分析的技術都是「手段」，各位讀者閱讀本書後開始對資料分析有興趣，最重要還是「實踐資料分析並帶來益處」，接著會有興趣再投入更多動力學習新技術、挑戰新的應用，才是撰寫本書的宗旨。


2021 年春天　三好大悟

旗 標 FLAG

好書能增進知識　提高學習效率　卓越的品質是旗標的信念與堅持